Couvertures supérieure et Inférieure
manquantes

LA CRISE ÉCONOMIQUE

L'ÉVANGILE

DE

M. DE BISMARCK

PAR

Jules DOMERGUE

PARIS

E. DENTU, LIBRAIRE-ÉDITEUR

PALAIS-ROYAL, 15-17-19, GALERIE D'ORLÉANS

1884

L'ÉVANGILE DE M. DE BISMARCK

I

Il existe un livre (1) où se trouve exposé tout au long le système politique, commercial et colonial du chancelier ; en le parcourant, l'esprit étonné voit surgir l'œuvre déjà accomplie par l'Allemagne, sous la direction de M. de Bismarck, et peut deviner l'œuvre future. M. de Bismarck a suivi pas à pas son guide, Frédéric List, et il ne s'en cache pas. Le *Système national d'économie politique* est le livre de chevet du chancelier; sa lecture éclaire pour nous le passé et dévoile l'avenir.

List est né le 6 août 1789 à Reutlingen, ville libre de Souabe. A 14 ans, il quittait l'école et commençait son apprentissage de mégissier, chez son frère, mais il ne put se faire à ce métier ; successivement employé dans plusieurs villes, il occupe, en 1816, une position honorable dans l'administration centrale du Wurtemberg ; le ministre crée à Tubingen, en 1817, une Faculté des sciences, et List est un des premiers titulaires. Il avait trouvé sa voie; en même temps qu'il fait son cours, il fonde, en 1818, un journal, *l'Ami du*

---

(1) *Système national d'économie politique*, par Frédéric List, traduit de l'allemand par Henri Richelot. — Paris, Capelle, libraire-éditeur, 1851.

peuple de Souabe; mais les révolutions ministérielles sont fréquentes dans ces petits pays; List perd son protecteur, sa chaire, son journal : sa ville natale le nomme son représentant, mais il n'a pas trente ans et son élection est annulée.

Que lui importe! L'idée à laquelle il doit consacrer ses forces, sa volonté, ses travaux, s'est fixée dans son esprit, et c'est de cette idée que doit sortir, d'abord, l'union commerciale et, ensuite, l'union nationale de l'Allemagne.

List poursuit pendant deux années, 1819 et 1820, l'abolition des douanes intérieures; il parle, il écrit, visite les ministres, les souverains, les hommes politiques; il va pouvoir enfin défendre son projet devant les états du Wurtemberg, où l'envoie de nouveau sa ville natale; dès le premier jour, il saisit l'assemblée d'une proposition tendant à l'abolition des barrières intérieures et à l'union commerciale des États allemands. C'est sa grande idée, dans laquelle il entrevoit l'Allemagne unifiée et puissante. Mais son vaste esprit embrasse toute la science politique et économique : il demande l'établissement d'un budget annuel; il réclame la répartition équitable de l'impôt; il rêve une opposition parlementaire qui donnerait aux débats une impulsion vigoureuse; il prépare, dans ce sens, un projet de pétition qui devait être adressée par ses commettants à la Chambre des députés. Le gouvernement s'émeut, cette fois, et demande l'exclusion de List; elle est prononcée par 56 voix contre 36. Ce n'est pas tout; il est, après un long procès, condamné à dix mois de travail forcé pour outrage et calomnie envers le gouvernement, les tribunaux et l'administration du Wurtemberg. List vient en France, puis en Suisse; au bout de deux ans et demi, comptant sur la clémence royale, il rentre dans le Wurtemberg. On l'arrête et on l'enferme ; après quelques mois d'un traitement très dur, il est élargi, au mois de janvier 1825, sous la condition de s'expatrier.

Il part pour l'Amérique. C'est là, dans une série de lettres qui eurent un grand retentissement, qu'il jeta les germes de l'ouvrage que nous voulons analyser, *le Système national;* du fond de la Pensylvanie, il pensait continuellement à son pays ; il écrivait au roi de Bavière en 1829 pour lui faire partager l'enthousiasme qu'il éprouvait pour les chemins de fer ; il retraçait avec une rare justesse de coup d'œil les immenses résultats qu'ils étaient destinés à produire.

En 1833, List revenait en Allemagne, possesseur d'une fortune gagnée en Amérique dans l'exploitation d'une mine, et comme consul des Etats-Unis à Leipzig. Il consacra toute son activité à l'idée d'un réseau de chemins de fer allemands ; la propagande fut longue, mais List réussit à intéresser à son idée le gouvernement et les Chambres de Saxe, les autorités municipales de Leipzig; infatigable, il fonde, en 1835, le *Journal des chemins de fer,* où il lutte avec énergie, et il donne à cette industrie particulière une vigoureuse impulsion. En 1841, parut le *Système national* qui, du premier coup, rencontra dans le public allemand un succès considérable et, le 1er janvier 1843, paraissait le *Zollvereinsblatt,* journal dont le titre indique suffisamment le but et où List combattit, avec passion, le monopole manufacturier de l'Angleterre.

A 57 ans, ce grand remueur d'idées mourait, pauvre, sur le grand chemin, et le mystère plane encore sur cette mort qui fut peut-être volontaire.

Nous avons tenu, au début de cette étude, à donner une courte notice sur la vie de l'économiste dont les idées, aujourd'hui toutes-puissantes en Allemagne, ont fait la grandeur et la gloire de ce pays. Malgré tous les déboires qu'il rencontra dans son pays, List resta, toute sa vie, profondément allemand, et son œuvre n'a pas d'autre but que le relèvement de l'Allemagne. On peut faire à List ce reproche de n'envisager l'économie politique qu'au point de vue particulier des intérêts allemands; il ne s'en cache pas ; il pose nettement la question entre la théorie et la pratique, entre le libre-échange et la protection, entre l'économie cosmopolite, qui embrasse tout le genre humain, et l'économie politique, qui s'attache aux intérêts nationaux.

List reconnaît que les nations seraient beaucoup plus prospères si elles étaient unies par la paix perpétuelle et par la liberté des échanges, — et nous aussi, — mais c'est là l'âge d'or et il ne nous est pas permis d'entrevoir son avènement.

Cette harmonie entre les peuples suppose nécessairement un équilibre parfait; il faut d'abord que les peuples arrivent à un égal degré de puissance, et ils n'y parviendront qu'en développant chez eux la production industrielle.

Hélas ! les événements se sont chargés de nous éclairer sur l'avenir de ces théories humanitaires qui assignent comme but à la société humaine la paix et le libre-échange universels ; c'est là la théorie, l'économie cosmopolite dont parle List ; mais c'est la pratique, c'est l'économie politique, celle « *qui s'attache aux intérêts nationaux* », qui a élevé l'Allemagne au rang qu'elle occupe aujourd'hui.

L'unité commerciale poursuivie et en partie réalisée par List, existe aujourd'hui sur un immense territoire, et l'association douanière unit tous les peuples qui parlent la langue allemande ; l'unité nationale, ce rêve, est, elle aussi, une réalité ; mais, une fois encore, chaque page du *Système national d'économie politique* nous amène une surprise ; tout le système politique et économique du grand chancelier tient dans ce livre. List peut être fier ; il a rencontré un homme à sa taille, un homme qui a repris son œuvre et qui en poursuit l'exécution avec une imperturbable volonté. Il a achevé l'union douanière, et a fait l'unité nationale ; dormez tranquille dans votre tombe, ô List ! le chancelier de fer donnera encore à l'Allemagne tout ce que vous vouliez pour elle, la puissance manufacturière, et même cet empire colonial auquel vous avez songé.

Tous les vœux, tous les projets de List, tous les plans du chancelier se trouvent résumés dans ces quelques lignes qui commencent la préface :

« On sait où conduit une nationalité morcelée qui est, par rapport aux nationalités véritables, ce que les fragments d'un vase brisé sont à un tout ; c'est encore dans toutes les mémoires. Un âge d'homme ne s'est pas écoulé depuis que toutes les côtes maritimes de l'Allemagne portaient le nom de départements français, depuis que le fleuve sacré de l'Allemagne donnait son nom à la fatale confédération d'un conquérant étranger, depuis que les fils de l'Allemagne versaient leur sang dans les sables brûlants du Midi comme sur les champs glacés du Nord pour la gloire et pour l'ambition d'un étranger.

» Nous voulons parler d'une unité nationale qui nous préserve, nous, notre industrie et notre dynastie et notre noblesse, du retour de pareils temps ; nous n'en demandons pas d'autre.

» Mais vous, si décidés contre le retour de la domination gauloise, trouvez-vous donc tolérable ou glorieux que vos fleuves et vos ports, vos côtes et vos mers continuent à être assujettis à l'influence britannique ? »

Voilà l'esprit de l'œuvre ; c'est de cette double conception que procèdent tous les événements qui, depuis une vingtaine d'années, ont changé la face de l'Europe ; nous allons retrouver au courant de ce livre, bien d'autres passages qui éclairent d'une vive lumière la politique du prince de Bismarck.

II

Les vingt-cinq pages d'Introduction qui précèdent le *Système national d'économie politique* résument toute la philosophie du livre ; c'est l'essence même de l'œuvre ; c'est sa pure substance, extraite par l'auteur lui-même. Si le livre avait disparu, l'Introduction, à elle seule, eût suffi à la gloire et à la grandeur de l'Allemagne. Il n'y avait qu'à suivre, pas à pas, le programme qu'y a développé List ; c'est ce qui a été fait, nous ne le savons que trop.

Le grand économiste a divisé son livre en

quatre parties : l'histoire, la théorie, les systèmes, la politique ; mais c'est en tête du livre, dans cette *Introduction*, qu'il faut aller chercher la conclusion de l'œuvre. Là s'étale dans toute sa simplicité la doctrine de List, et List en a cherché la démonstration dans l'histoire même des peuples. Nous verrons plus tard, en étudiant les premiers chapitres du livre, avec quelle sagacité ce remarquable esprit a su interroger l'histoire.

A la première page, aux premières lignes, apparaît une théorie qu'en d'autres temps nous aurions trouvée bien simple et bien naïve et qui, aujourd'hui, sonne à nos oreilles comme une menace :

« Des pays pauvres, faibles et barbares ont dû principalement à la sagesse de leur système commercial d'être devenus riches et puissants, et d'autres, qui avaient jeté un grand éclat, se sont éclipsés faute d'un bon système ; on a vu même des nations privées de leur indépendance et de leur existence politique, surtout parce que leur régime commercial n'était pas venu en aide au développement et à l'affermissement de leur nationalité. »

N'est-ce pas là tout le système de celui qui, après la guerre de 1870, conviait les Allemands à s'associer à son œuvre et à compléter sa conquête par un Sedan industriel ? Voilà, en quelques mots, l'origine de la grandeur et de l'unité de l'Allemagne ; voilà l'explication du but que poursuit le chancelier. Les pays pauvres s'élèvent et c'est List qui est l'artisan de leur fortune ; c'est encore List qui, du doigt, montre à l'Allemagne la voie à suivre pour achever l'œuvre de la conquête. Combien de fois le prince de Bismarck a-t-il dû méditer ces lignes ! Et quand l'esprit de

List l'a envahi, le chancelier de fer, avec la ténacité qui le distingue, s'est attaché tout entier à ces idées où il entrevoyait l'abaissement d'un ennemi puissant et riche. Pour nous, ce n'est pas sans terreur que nous les avons lues, ces lignes prophétiques et menaçantes, qui apparaissent au fronton du livre comme le *Manè Thécel Pharès* tracé par la main mystérieuse. L'âme de l'Allemagne moderne est là tout entière.

Nous n'avons pas besoin de dire que l'esprit si large et si étendu de List est ouvert à toutes les conceptions ; pour lui aussi, comme pour beaucoup d'économistes, comme pour nous, pourrions-nous ajouter, si nous ne craignions de diminuer la valeur de cette étude en y introduisant des idées personnelles, le libre-échange, c'est l'avenir. L'économie politique s'appuie, dit-il, sur la philosophie, sur la politique et sur l'histoire, et il ajoute :

> « Dans l'intérêt de l'avenir et du genre humain, la philosophie réclame : le rapprochement de plus en plus intime des nations entre elles, la renonciation à la guerre autant que possible, la consolidation et le développement du droit international, le passage de ce qu'on appelle aujourd'hui le droit des gens à un droit fédéral, la liberté des relations de peuple à peuple dans l'ordre moral aussi bien que dans l'ordre matériel, enfin, l'union de tous les peuples sous le régime du droit, ou l'association universelle. »

Voilà le rêve, mais cet avenir lui paraît bien éloigné ; si ces idées sont réalisables, ce sera « peut-être après des siècles, » et il s'élève avec vigueur contre ceux qui les considèrent comme réalisables dès aujourd'hui, sans souci de la politique qui demande, au contraire, « dans l'intérêt de tel ou tel peuple en particulier : des garanties de son indépendance et de sa durée, des mesures destinées à hâter ses progrès en civilisation, en bien-être et en puissance, à perfectionner son état social de manière à en faire un corps complètement et harmonieusement développé dans toutes ses parties, parfait en soi et politiquement indépendant. »

Voilà, dans ces quelques lignes, le parallèle entre le libre-échange et la protection, entre la philosophie et la politique. Si la philosophie est l'avenir et un avenir bien lointain, la politique est le présent, avec ses besoins, ses exigences, ses nécessités ; l'esprit de List entrevoit l'avenir, mais avant d'être cosmopolite, il est Allemand, et s'il forme des vœux pour la paix et pour le bien-être universels, il est, avant tout, préoccupé du souci d'assurer la grandeur de sa patrie.

C'est là sa pensée constante. Mais qu'on ne se figure pas que List prétende, en opposant la politique à la philosophie, établir un antagonisme entre la protection et le libre-échange ; pas du tout ; il va nous montrer que les deux termes ont quelque parenté :

« L'histoire appuie d'une manière non équivoque les exigences de l'avenir, en apprenant comment, à toutes les époques, le progrès matériel et intellectuel a été en rapport avec l'étendue de l'association politique et des relations commerciales. Mais elle justifie, en même temps, celles de la politique et de la nationalité, en enseignant comment des nations ont péri pour n'avoir pas suffisamment veillé aux intérêts de leur culture et de leur puissance ; comment un commerce entièrement libre avec des nations plus avancées a été avantageux aux peuples encore dans les premières phases de leur développement, mais comment ceux qui avaient fait un certain chemin n'ont pu qu'au moyen de certaines restrictions à leur commerce avec les étrangers aller plus loin et rejoindre ceux qui les avaient devancés. L'histoire indique ainsi le moyen de concilier les exigences respectives de la philosophie et de la politique. »

On voit que la doctrine de List n'est pas exclusive et qu'on remarque bien que ce sentiment se retrouve au fond de toutes les discussions actuelles.

C'est en effet une remarque facile ; les partisans du libre-échange qui prétendent parler au nom de la liberté n'admettent aucune restriction, et n'entendent céder sur aucun point ; les hommes les plus modérés sont, en matière économique, de parfaits intransigeants ; ils dénoncent la protection comme un outrage à la raison, à la morale et au progrès. Les partisans de la protection, au contraire, n'hésitent pas à reconnaître les mérites supérieurs du libre-échange, mais ils persistent à croire, avec List, que ces mérites ne sont pas faits pour briller dans notre société moderne ; voilà tout leur crime ; ils ne nient pas la philosophie, mais ils pensent que le jour n'est pas encore venu où la sagesse régnera sur le monde. « Les restrictions ne sont qu'un moyen, a écrit List, et la liberté est le but. » Tous les peuples, en matière économique comme en matière politique, s'acheminent vers la liberté, nous le croyons ; mais la liberté universelle n'est possible que le jour où l'évolution sera complète et cette évolution, on le reconnaîtra, ne s'accomplit que d'une façon bien lente et dans une progression inégale. Nous appartenons à l'humanité, et, à ce titre, nous ne pouvons être indifférents à son progrès et à son avenir, mais nous sommes, avant tout, Français, comme List et M. de Bismarck sont Allemands, et on nous contraint, pour ainsi dire, à plaider les circonstances atténuantes en faveur de cette idée de *Patrie* qui tient la première place dans nos préoccupations. Sommes-nous coupables de sacrifier l'intérêt éventuel et hypothétique de l'humanité entière à un autre, plus immédiat, à celui du pays auquel nous appartenons et qui nous est devenu plus cher encore, depuis ses malheurs. Mais écoutons List :

« La plus haute association des individus, actuellement réalisée, est celle de l'État, de la nation ; la plus haute *imaginable* est celle du genre humain.

» De même que l'individu est beaucoup plus heureux au sein de l'État que dans l'isolement, toutes les nations seraient beaucoup plus prospères si elles étaient unies ensemble par le droit, par la paix perpétuelle et par la liberté des échanges.

» La nature mène peu à peu les nations vers cette association suprême, en les invitant, par la variété des climats, des terrains et des productions, à l'échange, par le trop-plein de la population et par la surabondance des capitaux et des talents, à l'émigration et à la fondation des colonies. Le commerce international, en éveillant l'activité et l'énergie par les nouveaux besoins qu'il crée, en propageant d'une nation à l'autre les idées, les découvertes et les forces, est l'un des plus puissants instruments de la civilisation et de la prospérité des peuples. Mais, aujourd'hui, l'union des peuples au moyen du commerce est encore très imparfaite, car elle est interrompue ou du moins affaiblie par la guerre ou par les mesures égoïstes de telles ou telles nations. Par la guerre, une nation peut être privée de son indépendance, de ses biens, de sa liberté, de sa constitution et de ses lois, de sa généralité propre et, en général, du degré de culture et de bien-être qu'elle a déjà atteint ; elle peut être asservie. Par les mesures égoïstes de l'étranger, elle peut être troublée ou retardée dans son développement économique.

» Conserver, développer et perfectionner sa nationalité, tel est donc aujourd'hui et tel doit être l'objet principal de ses efforts. Il n'y a là rien de faux et d'égoïste ; c'est une tendance raisonnable, parfaitement d'accord avec le véritable intérêt du genre humain, car elle conduit naturellement à l'association universelle, laquelle n'est profitable au genre humain qu'autant que les peuples ont atteint un même degré de culture et de puissance, et que par conséquent elle se réalise par la voie de la confédération. »

Nous avons tenu à citer ce long extrait où se trouve développée, avec une lumineuse clarté, la véritable théorie de la protection, mesure passagère, qui doit nous mener à l'affranchissement universel, en donnant à tous les peuples un égal degré de culture et de puissance, condition indispensable au triomphe de la philosophie.

III

A la suite de cette citation, se trouvent quelques lignes auxquelles les circonstances donnent un véritable caractère d'actualité. Les voici :

o Une association universelle, prenant son origine dans la puissance et dans la richesse prépondérantes d'une seule nation, et basée par conséquent sur l'assujettissement et sur la dépendance de toutes les autres, aurait pour résultat l'anéantissement de toutes les nationalités et de toute émulation entre les peuples ; elle heurte les intérêts comme les sentiments de toutes les nations qui se sentent appelées à l'indépendance et à la possession d'une grande richesse ainsi que d'une haute importance politique ; ce ne serait qu'une répétition de ce qui a déjà existé, de la tentative des Romains, réalisée cette fois au moyen des manufactures et du commerce, au lieu de l'être, comme autrefois, avec l'acier, mais ramenant également vers la barbarie. »

En ce moment même, les journaux officieux allemands poursuivent contre l'Angleterre une campagne dans laquelle ils essaient d'entraîner la France. Il n'est pas téméraire de croire que c'est sous l'inspiration du chancelier qu'a été entreprise cette propagande. M. de Bismarck a fait à l'Angleterre l'application des lignes qui précèdent. La puissance et la richesse prépondérantes de cette nation *heurtent ses intérêts comme ses sentiments d'Allemand, qui sent que son pays est appelé à la possession d'une grande richesse ainsi que d'une haute importance politique.* La conduite du chancelier est un commentaire vivant de ce livre. Nous n'avons pas à nous expliquer ici sur cette idée d'une alliance franco-allemande qui semble avoir surgi inopinément et qui a été préparée, on peut en être sûr, de longue date. Elle a été mise en circulation au moment où le chancelier a cru qu'elle pouvait, sans inconvénient, être jetée dans le public ; le prince de Bismarck n'est pas seulement un homme heureux, c'est surtout un homme qui sait profiter des événements et des circonstances ; c'est là le secret de sa force. Il a sans doute vécu longtemps dans l'attente des événements qui lui permettraient d'accomplir la dernière partie de son programme ; il a poussé l'opinion de l'Allemagne vers la question coloniale, et nous verrons l'Allemagne planter son pavillon sur quelques points du globe et préluder ainsi à l'établissement d'un empire colonial, qui est aussi un des *desiderata* de List. L'abaissement de l'Angleterre, à la suite d'une guerre, mettrait aux mains de l'Allemagne une partie des colonies britanniques, et ruinerait *la puissance et la richesse prépondérantes* de nos voisins. Le prince de Bismarck semble avoir voué sa vie à réaliser le programme tracé par List, mais nous avons le droit de soupçonner sa sincérité. List a parlé en économiste, M. de Bismarck agit en homme politique ; le premier voit dans la puissance prépondérante d'une nation une menace perpétuelle suspendue sur les autres peuples, mais il a indiqué également une autre conclusion dans les lignes suivantes :

« Les manufactures constituent la base du commerce extérieur et intérieur, de la navigation et de l'agriculture perfectionnée, conséquemment de la civilisation et de la puissance politique, et un peuple qui réussirait à monopoliser toute la vie manufacturière du globe et à comprimer les autres nations dans leur développement économique, en les réduisant à ne produire que des denrées agricoles et des matières brutes et à n'exercer que les industries locales indispensables, *ce peuple parviendrait nécessairement à la domination universelle.* »

Nous pouvons nous demander si M. de Bismarck veut défendre les nationalités du continent contre l'envahissement de la puissance anglaise, ou bien s'il a rêvé de ruiner la prépondérance de l'Angleterre pour y substituer celle de l'Allemagne.

Les paroles de List sont un avertissement donné aux peuples manufacturiers d'avoir à se protéger contre le monopole d'une nation ; c'est la voix de l'homme qui, échappant aux préoccupations du moment, s'élève au-dessus des rivalités et des ambitions ; l'économiste voit au delà de l'heure présente ; il cherche, par le perfectionnement de l'état politique, à élever toutes les nations à un degré égal de culture et de prospérité qui doit nous amener à l'association suprême, celle du genre humain ; le moyen, c'est l'accord des intérêts. Mais ce but est encore loin de nous, et l'homme politique, lui, est excusable de le dédaigner ; sa tâche est de tous les jours, de tous les instants ; il ne travaille pas pour l'humanité, mais pour son pays. Quoi d'étonnant que M. de Bismarck, dans les lignes que nous citons, n'ait aperçu que cette prophétie qui promet la domination universelle à la nation qui monopolisera la vie manufacturière du globe ? Mettez européenne au lieu d'universelle, continent au lieu de globe, et vous aurez tracé, par la main de List, le plan qui apparaît aujourd'hui.

Qu'importe à M. de Bismarck que l'Allemagne, à son tour, devienne, par sa puissance et par sa richesse, un objet de crainte pour les autres nations ?

Ces appréhensions sont bonnes pour un économiste ; lui, il est un homme d'Etat, et il n'a pas oublié qu'il fut un militaire ; et peut-être se dit-il que List n'a pas prévu que la domination du continent pourrait s'appuyer non seulement sur le monopole de la vie manufacturière, mais encore sur une puissance militaire, sans rivale.

Les événements, en effet, ont marché depuis l'époque où List publiait son *Système national d'économie politique ;* c'était en 1841 ; déjà, en 1839, le grand économiste avait fait paraître un ouvrage dont le titre indique suffisamment la portée : *De l'importance d'une industrie manufacturière nationale,* et, en 1846, il reprenait, pour la développer dans une œuvre nouvelle, l'idée dominante du livre que nous étudions : l'unité économique et politique de l'Allemagne. List entrevoyait l'avenir de son pays, mais sans doute il ne le prévoyait pas si prochain ;

il attendait le triomphe de ses idées d'une évolution régulière et naturelle, et il ne pouvait sup-
poser qu'elles seraient reprises, poursuivies et
appliquées par un homme d'action, comme M. de
Bismarck.

A mesure qu'on avance dans l'étude de ce livre,
la vérité se fait complète, entière, irréfutable ;
tout le système politique, économique, extérieur,
colonial du prince de Bismarck est là :

« Inutilement les individus seraient laborieux, économes,
ingénieux, entreprenants, intelligents et moraux, écrit List;
sans l'*unité nationale*, sans la division du travail et la coopération des forces productives, le pays ne saurait atteindre
un haut degré de prospérité et de puissance, ni se maintenir
dans la possession durable de ses richesses intellectuelles,
sociales et matérielles. » Et ailleurs : « L'industrie manufacturière est favorable aux sciences, aux arts et aux progrès
politiques ; elle augmente le bien-être général, la population,
le revenu de l'Etat et la puissance du pays ; elle fournit à
celui-ci les moyens d'étendre ses relations dans toutes les
parties du monde et de *fonder des colonies.* »

Et de *fonder des colonies !* C'est bien pour l'Allemagne qu'a été, en quelques lignes, tracé ce programme; List n'a même pas pris le soin d'ajouter : de fonder ou d'entretenir ; non, l'Allemagne
n'a pas de colonies; eh bien ! qu'elle développe sa
force manufacturière et elle en fondera. Nous y
sommes, et Angra-Pequena marque la première
étape dans cette voie de la colonisation ; mais le
chancelier de fer n'est pas, nous le répétons,
l'homme des spéculations lointaines; c'est un
homme d'Etat et son rêve est d'accomplir, pendant sa vie, le programme de List; il entrevoit
dans l'abaissement de l'Angleterre la possibilité
de donner à son pays l'empire colonial et peut-
être cet empire du monde que List promet à la

nation qui aura su s'emparer du monopole de la vie manufacturière. Et nous ne sommes pas au bout ; les lignes suivantes contiennent une autre prophétie qui se réalisera peut-être un jour :

> « Un peuple dont le territoire est peu étendu et borné dans ses ressources, qui ne possède pas les *embouchures de ses cours d'eau* ou qui n'est pas convenablement arrondi, ne peut user du système protecteur ou ne le peut du moins avec un plein succès. Il faut, au préalable, qu'il se complète par voie de conquête ou de négociation. »

L'Allemagne s'est arrondie suffisamment pour pouvoir user du système protecteur, mais le prince de Bismarck n'a pas renoncé sans doute à donner à son pays les *embouchures* de ses *cours d'eau* ; c'est peut-être la seule tâche qu'il léguera à ses successeurs.

Ce que nous avons voulu surtout mettre en lumière, dans ces trois chapitres consacrés à l'Introduction du *Système national d'économie politique*, c'est la corrélation évidente qui existe entre les idées de List et les actes du chancelier. Dans les chapitres suivants, nous étudierons le système du grand économiste allemand, dans ses détails et dans ses développements ; mais il nous a paru utile, au début de ce travail, de dégager l'idée qui, pour nous, domine l'œuvre de List. Le *Système national d'économie politique* apparaît comme le véritable inspirateur de la politique que poursuit le chancelier ; malheur à ceux qui ne sauraient pas comprendre les avertissements et les prophéties dont beaucoup se sont déjà réalisés !

> « L'histoire, dit List dans les dernières lignes de cette

Introduction, offre des exemples de nations entières qui ont péri, pour n'avoir pas su, en temps opportun, résoudre le grand problème d'assurer leur indépendance morale, économique et politique, par l'établissement de manufactures et par la constitution d'une classe puissante de manufacturiers et de commerçants. »

C'est le retour de cette idée qui apparaît au début de l'ouvrage, dans les lignes suivantes que nous avons déjà citées :

« Des pays pauvres, faibles et barbares ont dû principalement à la sagesse de leur système commercial d'être devenus riches et puissants, et d'autres, qui avaient jeté un grand éclat, se sont éclipsés faute d'un bon système ; on a vu même des nations privées de leur indépendance et de leur existence politique, surtout parce que leur régime commercial n'était pas venu en aide au développement et à l'affermissement de leur nationalité. »

C'est par ces lignes que s'ouvre l'Introduction ; nous en ferons la conclusion de cette entrée en matière.

IV

Nous voici arrivés au livre lui-même. Avant d'entrer dans l'étude des autres systèmes, avant de développer ses théories, List a cherché dans l'histoire des arguments pour sa thèse. Unité nationale, protection à l'industrie manufacturière, ce sont les deux faits qu'il s'est attaché à dégager de cette étude rétrospective ; si le commerce de certains peuples, si florissant à une époque, a disparu, c'est parce qu'ils n'ont pas su faire cette unité qui est la première base de l'édifice économique ; si d'autres ont grandi, c'est parce que, ayant établi leur unité, ils ont concentré tous leurs efforts sur l'industrie. Voilà en deux mots l'explication de la décadence de l'Italie et de la grandeur de l'Angleterre et de l'Amérique. Quel pays fut jamais plus prospère que cette Italie du douzième et du treizième siècle où Venise, Gênes, Florence se partagent le commerce du monde :

« Il ne lui manque qu'une chose pour être ce que l'Angleterre est devenue de nos jours, et faute de posséder ce bien unique, tout le reste lui échappe : il lui manque l'unité nationale et la puissance que donne cette unité. »

L'Italie se ruine elle-même ; la puissance d'Amalfi est détruite par Pise, Pise tombe devant Gênes et Gênes devant Venise. Quant à cette dernière, réduite à ses propres forces, elle devait à son tour être victime de cette politique égoïste, à laquelle vint s'ajouter ce fait d'une si grande importance économique, la découverte d'une nouvelle route vers les Indes Orientales :

« Si on interroge l'histoire, dit List, sur les causes de la chute de cette république et de son commerce, voici ce qu'elle répond : la première de ces causes est la folie, l'énervement et la lâcheté d'une aristocratie dégénérée, l'apathie d'un peuple tombé dans la servitude. Le commerce et les manufactures de Venise auraient dû périr, quand même la route du cap de Bonne-Espérance n'eût pas été trouvée. Cette chute, de même que celle de toutes les républiques italiennes, s'explique aussi par le manque d'unité nationale, par la prépondérance étrangère, par la théocratie indigène, par l'apparition en Europe de nationalités, grandes, fortes et compactes. »

List, on le sait, ne présente pas sa théorie comme une panacée absolue ; s'il croit à l'efficacité de la protection, ce n'est que dans des circonstances déterminées et l'histoire de Venise lui donne de nouveau l'occasion de s'expliquer :

« L'exemple de Venise, en tant que de nos jours, on peut l'invoquer contre le système restrictif, ne prouve donc que ceci, ni plus ni moins, savoir qu'une ville isolée ou un petit État, en présence de grands empires, ne peut employer ni conserver utilement ce système et qu'une puissance, parvenue à l'aide des restrictions à la suprématie manufacturière et commerciale, ce but une fois atteint, a intérêt à revenir au principe de la liberté du commerce. »

A la fin de cette rapide étude sur les républiques italiennes se trouvent quelques lignes qu'il nous faut citer, c'est la réponse à ceux qui, à notre époque, cherchent à jeter la confusion dans l'esprit du public en mettant sur le même pied la liberté commerciale et les autres libertés; combien de fois n'a-t-on pas dit que les partisans de la protection représentaient une politique de réaction ! Voici les paroles de List :

« Ici, comme dans tous les débats sur la liberté du commerce international, nous rencontrons une confusion de mots qui a donné lieu à de graves erreurs. On parle de la liberté commerciale comme de la liberté religieuse et civile. Les amis et les champions de la liberté en général se tiennent pour obligés de défendre la liberté sous toutes ses formes, et c'est ainsi que la liberté du commerce est devenue populaire, sans qu'on ait distingué entre la liberté du commerce intérieur et celle du commerce international qui, dans leur essence et dans leur résultat, diffèrent si profondément l'un de l'autre. Car, si les restrictions mises au commerce intérieur ne sont que, dans très peu de cas, compatibles avec la liberté individuelle des citoyens, en matière de commerce extérieur, le plus haut degré de liberté individuelle s'accorde avec de grandes restrictions. Il se peut même que l'extrême liberté du commerce extérieur ait pour conséquence la servitude nationale, comme cela est arrivé pour la Pologne. C'est en ce sens que Montesquieu a dit : « C'est dans les pays de la liberté que le négociant trouve des contradictions sans nombre et il n'est jamais moins croisé par les lois que dans les pays de la servitude. »

Cette alliance que n'avaient pas su réaliser les républiques italiennes fit la grandeur de la ligue hanséatique. Dans le cours du treizième siècle la Hanse réunit Hambourg, Lubeck et quatre-vingt-cinq autres villes sur la côte de la mer du Nord et de la Baltique, sur les rives de l'Oder et de l'Elbe, du Weser et du Rhin. Les Hanséates créèrent une puissante marine de guerre et décidèrent que les marchandises de la Hanse ne seraient transportées que sur ses bâtiments. L'acte de navigation de l'Angleterre a pris pour modèle l'acte de la Hanse :

« Les actes de navigation, comme la protection douanière en général, sont si naturels aux peuples qui ont le pressentiment de leur grandeur commerciale et industrielle à venir, que les Etats-Unis, à peine émancipés, adoptèrent des restrictions maritimes sur la proposition de James Madison. »

Les Hanséates eurent entre les mains presque tout le commerce avec l'Angleterre, et ce commerce se faisait uniquement par les navires de la ligue. Ce fut un véritable monopole qui s'exerça pendant près de trois siècles. L'Angleterre, sans industrie et sans marine, échangeait ses matières premières contre les produits manufacturés. Mais au contact des étrangers, l'esprit national s'éveilla :

« Le roi Edouard III fut d'avis qu'il pouvait y avoir quelque chose de plus utile et de plus avantageux pour un pays que d'exporter des laines brutes et d'importer des draps. Par des faveurs de toute espèce, il essaya d'attirer de Flandre dans son royaume des ouvriers en draps, et, après en avoir fait venir un assez grand nombre, il fit défense de se vêtir de draps étrangers. »

Ce fut l'origine du mouvement commercial en Angleterre. Mais les Hanséates luttèrent jusqu'au bout; les restrictions établies contre eux furent plusieurs fois abolies, et rétablies; ce petit peuple de commerçants avait réussi à fonder une puissance formidable avec laquelle les rois d'Angleterre eurent à compter; ce fut la reine Elisabeth qui lui porta le dernier coup; sur la nouvelle qu'une diète de la Hanse se tenait à Lubeck pour aviser aux moyens à employer pour entraver le commerce extérieur de l'Angleterre, la reine fit saisir soixante nàvires hanséates; deux de ces navires furent renvoyés par elle à Lubeck avec ce message, « qu'elle avait le plus profond mépris pour la Hanse, ses délibérations et ses mesures. » La ligue hanséatique alla s'affaiblissant pour disparaître en 1630, devant les mesures de restriction prises contre elle par l'Angleterre, par la Suède, par le Danemark, par la Russie, mais ce ne sont pas là les seules raisons de son discrédit et de sa ruine :

« Les villes hanséatiques se fondèrent pour leur commerce sur la production et la consommation, sur l'industrie agricole et manufacturière de la contrée à laquelle elles appartenaient. Elles avaient négligé de stimuler l'agriculture de leur patrie pendant qu'elles donnaient une vive impulsion, par leur commerce, à celle des pays étrangers; elles trouvèrent plus commode d'acheter des objets fabriqués en Belgique que d'établir des fabriques dans leur pays; elles encouragèrent la culture des plaines de la Pologne, l'élève des moutons de l'Angleterre, la production du fer de Suède et les manufactures de la Belgique. Elles pratiquèrent, durant des siècles, le précepte des théoriciens de nos jours : elles achetèrent les marchandises là où elles les trouvaient au meilleur marché. Mais quand elles furent exclues des pays où elles achetaient et de ceux où elles vendaient, ni leur agriculture, ni leur industrie manufacturière n'avaient pris assez de développement pour que l'excédent de leur capital commercial pût y trouver emploi; ce capital émigra en Hollande et en Angleterre où il accrut l'industrie, la richesse et la puissance de leurs ennemis. Preuve éclatante que l'industrie particulière abandonnée à elle-même ne rend pas toujours un pays prospère et puissant. »

L'histoire de la ligue hanséatique se confond pendant une longue période avec celle de l'Angleterre; c'est l'exemple de la Hanse qui a développé chez nos voisins l'activité commerciale et industrielle :

« Après que le libre-échange avec les Hanséates eut arraché l'agriculture anglaise à la barbarie, la politique restrictive adoptée ensuite par l'Angleterre, contre les Hanséates, les Belges et les Hollandais, l'a conduite à la suprématie manufacturière et commerciale. »

Le chapitre consacré à l'histoire du commerce de la Hollande, offre, à l'heure qu'il est, un intérêt facile à comprendre. Nous allons y retrouver, en germe, à l'état d'ébauche, cette pensée qui est la suprême préoccupation du prince de Bismarck ; ne racontait-on pas, hier, que notre ambassadeur à Berlin devait être pressenti par le chancelier sur les dispositions de la France en face d'une occupation éventuelle de la Hollande ? Si les choses n'en sont pas encore arrivées à ce point, est-ce que ces bruits, ces rumeurs, ces nouvelles ne montrent pas l'importance et l'actualité de cette question? Elle n'est pas mûre, peut-être, mais le chancelier est tenace et patient et on peut être certain que cette idée, longtemps caressée, éclatera un jour, avec un bruit de tonnerre.

Après avoir indiqué les causes qui ont fait la fortune de la Hollande, l'esprit d'entreprise, l'activité, l'économie, développés par la lutte incessante contre les envahissements de la mer, et une découverte précieuse, l'art de saler les harengs, List signale cette autre cause, essentiellement géographique :

« C'est une règle générale, dit-il, que l'activité commerciale et la prospérité du littoral dépendent du plus ou moins d'importance du bassin fluvial auquel il se rattache. Qu'on jette les yeux sur la carte d'Italie et l'on trouvera, dans la grande étendue et dans la fertilité de la vallée du Pô, l'explication naturelle de la supériorité marquée du commerce de Venise sur celui de Pise et de Gênes. Le commerce de la Hollande était alimenté par le bassin du Rhin et de ses tributaires ; il dut surpasser celui des Hanséates, dans la même proportion que ce bassin l'emportait en richesse et en fertilité sur ceux du Weser et de l'Elbe. »

List écrivait ces lignes alors que les chemins de fer, encore à l'état d'enfance, n'avaient pas encore modifié cette règle économique ; elle est restée vraie, dans une certaine mesure ; mais ce n'est pas tout ; nous allons voir apparaître dans un autre passage le plan tout entier du prince de Bismarck ; le morceau vaut la peine d'être cité *in extenso :*

« La réunion de toutes les provinces belges et bataves sous la domination bourguignonne procura à cette contrée le bienfait de l'*unité nationale*, circonstance qui, dans l'étude des causes qui ont donné aux Hollandais l'avantage sur les villes rivales du nord de l'Allemagne, ne doit pas être négligée. Sous Charles-Quint, les Pays-Bas composaient une réunion de forces et de ressources qui, mieux que toutes les mines d'or du monde entier, mieux que toutes les faveurs et toutes les bulles des papes, auraient assuré à leur maître l'empire de la terre et de la mer, s'il eût compris la valeur de ces forces et s'il eût su les diriger et s'en servir. Si Charles-Quint avait repoussé la couronne d'Espagne, comme on repousse une pierre qui menace de nous entraîner dans l'abîme, combien la destinée des Pays-Bas et de l'Allemagne eût été différente ! Souverain des Pays-Bas, empereur d'Allemagne et chef de la réformation, Charles avait en ses mains tous les moyens matériels et moraux de fonder le plus puissant État industriel et commerçant, la plus grande domination mari-

time et continentale qui eût jamais existé; une domination
maritime qui eût réuni toutes les voiles sous un seul et même
pavillon depuis Dunkerque jusqu'à Riga.

» Il suffisait alors d'une seule idée, d'une seule volonté pour
faire de l'Allemagne l'empire le plus riche et le plus considérable du globe, pour étendre sa domination manufacturière
et commerciale sur toutes les parties du monde et pour lui
assurer peut-être des siècles de durée. »

Eh bien, le voilà le rêve! C'est l'empire de
Charles-Quint qu'on tente de reconstituer et le
couronnement de Versailles a donné déjà au
vieux roi de Prusse la couronne d'empereur; il
ne lui manque qu'un fleuron!...

Le développement commercial et maritime de
l'Angleterre et de la France atteignit, en plein
cœur, la puissance hollandaise; la Hollande suc-
comba :

« Parce qu'un étroit littoral habité par une petite population de pêcheurs, de marins, de marchands et d'éleveurs
allemands, voulut être à lui seul une puissance et que la
partie du continent avec laquelle elle formait un ensemble
géographique, fut considérée et traitée par elle comme une
contrée étrangère. »

Toujours cette conception de l'*unité nationale*
qui revient à chaque pas, et que nous retrouvons
encore dans ce commentaire :

« Les individus doivent la majeure partie de leurs forces
productives à l'organisation politique du gouvernement et à
la puissance du pays. »

Qu'on médite maintenant la phrase qui ter-
mine le chapitre consacré à l'histoire de la Hollande :

« La Hollande vit actuellement de ses colonies et de son
commerce intermédiaire avec l'Allemagne. Mais la première
guerre peut la dépouiller de ses possessions, et, à mesure que
le Zollverein allemand comprendra mieux ses intérêts et

saura mieux faire usage de ses forces, il sentira davantage la nécessité de s'incorporer la Hollande. »

L'ombre du grand économiste peut se réjouir; le Zollverein allemand a compris ses intérêts et il saura faire usage de ses forces. Mais le chancelier a modifié à son usage les instructions de l'économiste; le Zollverein s'est confondu dans l'esprit du prince de Bismarck avec l'idée politique; l'association douanière n'est plus le but, elle est le moyen; elle marque la première étape dans la voie de l'unité nationale. List n'avait peut-être pas envisagé toutes les conséquences de sa doctrine; mais nous l'avons dit, avant d'être un économiste, le prince de Bismarck est un homme politique et cette incorporation de la Hollande lui apparaît, non pas uniquement comme une nécessité économique, mais comme une nécessité politique. Y sommes-nous aujourd'hui? et allons-nous assister à cette dernière tentative qui doit donner à l'Allemagne la suprématie industrielle et qui doit replacer sur la tête d'un Hohenzollern la couronne de Charles-Quint? Ce jour-là, le chancelier de fer pourrait descendre dans la tombe; il aurait accompli cette œuvre gigantesque qu'avai' entrevue la pensée prophétique de List.

V

Aux Anglais, maintenant.
Nous allons voir que ce pays, aujourd'hui libre-échangiste, a échafaudé sa grandeur commer-

ciale sur des lois et des mesures de protection.

L'élevage des moutons donna naissance à la fabrication du drap; c'est cette industrie qui est le tronc autour duquel sont venues se greffer toutes les autres branches du commerce. Mais les souverains anglais n'ont rien négligé pour surexciter l'activité industrielle du pays; quelques-uns, comme la reine Elisabeth, prennent des mesures de protection absolue; l'importation des métaux, des cuirs ouvrés, d'une multitude d'autres objets fabriqués est interdite. L'art de la construction s'introduit également en Angleterre sous le règne de la reine Elisabeth et il y est encouragé par des procédés analogues. Avec cet esprit d'accaparement qui semble être le fond du caractère anglais, nos voisins empruntèrent à tous les pays du monde leurs arts particuliers, à Venise l'industrie du cristal, à la Perse celle des tapis; les fabricants, les ouvriers chassés de Belgique et de France par Philippe II et par Louis XIV introduisirent en Angleterre ou perfectionnèrent vingt industries, la chapellerie, la papeterie, l'horlogerie, le lin, la soie, le fer, qui toutes grandissent et se développent au moyen de prohibitions ou de droits élevés. « Une fois en possession d'une industrie, dit List, elle l'entourait pendant des siècles de sa sollicitude, comme un jeune arbre qui a besoin d'appuis et de soins. Celui qui ignore qu'à force de labeur, d'adresse et d'économie une industrie devient avantageuse avec le temps, et que dans un pays suffisamment avancé dans son agriculture et dans sa civilisation générale, de nouvelles fabriques, convenablement protégées, quelque imparfaits, quelque coûteux que soient au commencement leurs produits, peuvent, à l'aide de l'expérience et de la concurrence du dedans, égaler, sous tous les rapports, les fabriques anciennes de l'étranger; celui qui ne sait pas que la prospérité d'une fabrication spéciale est subordonnée à celle d'un grand nombre d'autres et qui ne comprend pas à quel point une nation peut développer ses forces productives, quand elle veille sans relâche à ce que chaque génération poursuive l'œuvre du progrès industriel en la prenant là où la génération précédente l'a laissée, celui-là doit commencer par étudier l'histoire de l'industrie anglaise avant de se mettre à bâtir des systèmes et à donner des conseils aux hommes d'Etat qui ont les destinées des peuples entre les mains. »

Nous avons tenu à citer ce passage tout au long ; il est l'explication de la grandeur industrielle de l'Angleterre ; la doctrine qui, pendant des siècles, a inspiré les souverains anglais s'y retrouve tout entière. L'acte de navigation établit la suprématie de la marine anglaise aux dépens de la marine hollandaise, qui avait jusque-là le monopole de la pêche et du cabotage. En 1703, le traité de Methuen ouvrit à l'Angleterre le marché du Portugal que se partageaient les Hollandais et les Allemands; c'est pour le peuple anglais une date mémorable ; elle marque le point de départ d'où va sortir son empire colonial. Les marchands anglais, du Portugal, gagnent les Indes et la Chine; le gouvernement n'a plus qu'à attendre l'heure où le vaste empire des Indes sera mûr pour la conquête. Ce sont les marchands qui, partout, constituent l'avant-garde, assurés que l'armée les suivra. C'est tout le système de colonisation.

L'occupation de l'Inde pouvait amener en Angleterre une véritable catastrophe industrielle, par l'importation des tissus de soie et de coton. Que fit l'Angleterre? Elle prohiba absolument, et sous les peines les plus sévères, les produits de ses propres factoreries, les étoffes de soie et de coton des Indes orientales : « Elle ne voulut pas consommer un fil de l'Inde; elle repoussa ces produits si beaux et à si bon marché; elle préféra se servir des tissus mauvais et chers qu'elle avait fabriqués elle-même; elle vendit, à bas prix, aux pays du continent les étoffes bien supérieures de l'Orient; elle leur laissa tout l'avantage de ce bon marché, pour elle-même elle n'en voulut pas. » C'est le dernier mot du système; il est douteux qu'il puisse être appliqué à notre époque, dans toute sa sévérité, mais il a fait la fortune de nos voisins.

L'histoire économique de l'Angleterre présente trois périodes distinctes: au début, liberté absolue, alors que la production industrielle est presque nulle et que le pays échange ses produits naturels contre les objets de fabrication étrangère; quand la marine et l'industrie ont acquis une certaine importance, exclusion de la marine et du commerce étrangers; quand la puissance maritime et commerciale est à son apogée, la liberté reparaît: « Alors, dit List, en concluant des traités de navigation sur la base de l'égalité, d'une part ils obtiennent vis-à-vis de peuples moins avancés des avantages non équivoques, et ils empêchent ces peuples d'adopter eux-mê-

mes des restrictions dans leur propre intérêt ;
d'autre part, ils préservent leurs nationaux de
l'indolence et les tiennent en haleine, de manière
à ne pas être devancés. »

Il est trop juste d'ajouter qu'à toutes ces causes
s'en ajoutent d'autres qui ont un caractère tout
spécial ; la situation géographique de l'Angleterre,
les immigrations des tisserands flamands au
douzième siècle, plus tard des Italiens bannis,
des fabricants de Flandre et du Brabant, des
juifs d'Espagne et du Portugal, des négociants
vénitiens et hollandais et des proscrits religieux
de l'Espagne, du Portugal, de la France, de la
Belgique, de l'Allemagne, de l'Italie, contri-
buèrent également au développement de l'industrie en Angleterre.

Développement lent, mais sûr qui rappelle,
dit List, « l'épargne du père de famille laborieux
et économe », épargne plus solide que la richesse
rapidement acquise, comme on peut le voir par
l'exemple des Espagnols et des Portugais. Ces deux
pays présentent un spectacle diamétralement op-
posé à celui que nous donne l'Angleterre ; ils sont
partis d'un état très brillant pour en arriver à
une décadence qu'il semble difficile d'arrêter. Au
dixième siècle, l'industrie aux mains des Maures atteint déjà un développement considérable ;
ce fut la persécution religieuse qui porta le premier coup à cette prospérité qui dura plusieurs
siècles ; les juifs d'abord, les Maures ensuite, furent expulsés. Les Anglais devaient achever
l'œuvre du fanatisme ; le traité de l'Assiento con-
clu avec l'Espagne en 1713 fut pour elle ce
qu'était le traité de Methuen pour le Portugal ;

les produits manufacturés anglais inondèrent le pays, ruinant la fabrication indigène ; car nos voisins savent tirer d'un traité de commerce tout ce qu'il peut donner. List rappelle à ce propos ce témoignage d'Anderson qui dit que les Anglais étaient déjà, à cette époque, si expérimentés dans l'art de déclarer leurs articles beaucoup au-dessous de la valeur « qu'ils ne payaient pas en réalité plus de la moitié des droits établis par les tarifs ».

« Tous les traités de commerce de l'Angleterre, dit List, en terminant son étude sur les Espagnols et les Portugais, nous présentent une tendance constante à conquérir à son industrie manufacturière les pays avec lesquels elle négocie, en leur offrant des avantages apparents pour leurs produits agricoles et pour leurs matières brutes. Partout elle vise à ruiner leurs fabriques par le bon marché des articles et par la longueur des crédits. »

Ce système a même, à une époque, été fort perfectionné : les Anglais n'ont pas hésité à organiser la contrebande en Espagne avant le traité de 1713 et, plus tard, maîtres de la mer, ils laissèrent les pirates barbaresques vivre en paix ; ils n'avaient rien à en craindre et ils n'étaient pas fâchés que cet épouvantail éloignât de la Méditerranée les navires des autres nations. C'est la France qui devait balayer ces bandits. Le chapitre que List consacre aux Français est fort court ; il se borne à rappeler que c'est à Colbert que la France dut sa prospérité industrielle et commerciale, à Colbert qui « eut le courage d'entreprendre à lui seul une œuvre que les Anglais n'ont menée à bonne fin qu'après trois siècles d'efforts et deux révolutions ». Le traité d'Eden, sous Louis XVI, fut pour nous ce qu'avaient été le traité de Methuen pour les Portugais et celui de l'Assiento pour l'Espagne. Les effets ne tardèrent pas à s'en faire sentir; le gouvernement essaya, par l'abandon du traité, de mettre un terme aux progrès de la ruine, « mais il ne fit qu'acquérir la conviction qu'il est beaucoup plus facile de ruiner en quelques années des fabriques florissantes que de relever dans une génération des fabriques ruinées. »

List rappelle un mot de Napoléon Ier qui montre que ses descendants n'ont hérité ni de ses talents militaires, ni de ses idées économiques : « Un pays qui, dans l'état actuel du monde, pratiquerait le principe de la liberté du commerce, serait réduit en poussière.» Mais Napoléon Ier a oublié de s'expliquer sur les obstacles que des guerres incessantes peuvent apporter au développement de l'industrie nationale; la France manufacturière a porté la peine de cette ambition démesurée; à la Restauration, le marché français fut envahi par les Anglais qui, pour la première fois, condamnaient le système protecteur et vantaient la théorie du libre commerce d'Adam Smith; l'occasion était bonne en effet; la fabrication française n'était plus qu'une ombre et cette décevante théorie de la liberté commerciale permettait à l'Angleterre de s'emparer de notre marché. Bon chez les autres, les Anglais se dispensaient d'appliquer ce système chez eux ; les pauvres gens étaient bien à plaindre ! L'état de choses qui existait chez eux, n'aurait pu, sans grand danger, être transformé brusquement;

heureux les peuples à qui leur situation permettait de jouir sans retards des bienfaits de la liberté du commerce! Ces réflexions sont de l'auteur du *Système d'économie politique*, qui a bien mis en relief cette politique égoïste qui se pare du masque de la philanthropie. Mais la théorie d'Adam Smith causa de tels désastres qu'on dut y renoncer; le régime de la protection rendit à la France sa grandeur industrielle. Ce chapitre, nous le répétons, est fort court; c'est que List, il faut le remarquer, s'est surtout attaché à mettre en lumière les procédés, la politique de l'Angleterre; pour lui, c'est l'ennemi, et c'est cette idée qui ressuscite aujourd'hui.

L'histoire du commerce allemand est l'histoire de l'Allemagne elle-même; c'est la démonstration de cette idée que List a développée dans l'*Introduction* de son livre et qui est, pour lui, l'assise indispensable de la prospérité industrielle: l'unité nationale. L'industrie allemande ne devait dater son existence que du jour où l'association des cinq ou six mille négociants et fabricants fut organisée, en 1819, à la foire de Francfort-sur-le-Mein, dans le but d'abolir les douanes intérieures et d'établir en Allemagne un système commun de commerce et de douanes.

Le tarif adopté par l'association est le tarif prussien de 1818, c'est-à-dire un tarif de protection modérée. List n'a pas vécu assez pour voir le triomphe de ses idées; ce n'est pas seulement sous le tarif prussien, c'est sous la loi prussienne que vit aujourd'hui l'Allemagne; l'œuvre de l'unité est accomplie et l'industrie allemande a pris cette extension que devinait le génie économique de List.

Malgré les encouragements de ses souverains, la Russie a traversé une longue période de marasme commercial, jusqu'au jour où, avec le comte Nesselrode, elle en vint franchement, en 1821, au régime de la protection, après avoir traversé des phases diverses ; de 1819 à 1821, la liberté commerciale fit en Russie de profonds ravages, et le tarif de 1821 a marqué l'origine de son relèvement.

Le seul pays, en dehors du continent, auquel List ait cru devoir consacrer quelques pages est l'Amérique du Nord ; la protection fit son apparition avec l'indépendance, et, de ce jour, la prospérité industrielle de ce grand pays n'a fait qu'augmenter, en dépit de A. Smith et de J.-B. Say, qui avaient déclaré que les Etats-Unis étaient voués à l'agriculture comme la Pologne.

On voit comment les prévisions des deux économistes qui ont prêché le libre-échange se sont réalisées. Les Etats-Unis sont devenus une des plus grandes puissances industrielles du monde ; List constatait déjà, en 1841, le développement du commerce américain ; que dirait-il donc aujourd'hui ? La guerre de sécession a, là aussi, fait l'unité nationale, et l'unité a fait la prospérité du pays ; le système économique a complété cette œuvre.

Cette première partie du livre que nous avons analysée se complète par un chapitre qui s'appelle : *Les leçons de l'Histoire.* Ici, il faut laisser la parole à l'auteur ; le début et la péroraison de ce chapitre résument, mieux que nous ne pourrions le faire, les idées personnelles de List, ces idées qu'il a voulu, avant toute chose, appuyer sur les enseignements de l'histoire, ces idées qu'un autre a reprises, a mûries et appliquées pour la plus grande gloire et pour le plus grand profit de l'Allemagne.

Voici ces deux passages :

« En tout temps et en tout lieu, l'intelligence, la moralité et l'activité des citoyens se sont réglées sur la prospérité du pays, et la richesse a augmenté ou décru avec ces qualités ; mais nulle part le travail et l'économie, l'esprit d'invention et l'esprit d'entreprise des individus n'ont rien fait de grand là où la liberté civile, les institutions et les lois, l'administration et la politique extérieure, et surtout l'unité et la puissance nationale ne leur ont pas prêté appui.

» L'histoire nous enseigne comment des peuples doués par la nature de tous les moyens de parvenir au plus haut degré de richesse et de puissance, peuvent et doivent, sans se mettre en contradiction avec eux-mêmes, changer de système à mesure qu'ils font des progrès. D'abord, en effet, par le libre commerce avec des peuples plus avancés qu'eux, ils sortent de la barbarie et améliorent leur agriculture; puis, au moyen de restrictions, ils font fleurir leurs fabriques, leurs pêcheries, leur navigation et leur commerce extérieur; enfin, après avoir atteint le plus haut degré de richesse et de puissance, par un retour *graduel* au principe du libre commerce et de la libre concurrence sur leurs marchés comme sur les marchés étrangers, ils préservent de l'indolence leurs agriculteurs, leurs manufactures, leurs négociants et les tiennent en haleine, afin de conserver la suprématie qu'ils ont acquise.

» Au premier de ces degrés, dit List en terminant, nous voyons l'Espagne et le Portugal; au second, l'Allemagne et l'Amérique du Nord; la France nous paraît sur la limite du dernier, mais l'Angleterre seule, aujourd'hui, y est parvenue. »

La classification de List est restée exacte; mais le malheur a voulu que nous franchissions la limite, et les traités de 1860, éclatant comme un coup de foudre, ont amené dans notre industrie une perturbation qui pèse encore sur elle ; ce retour *graduel* au principe du libre commerce s'est effectué brusquement, et l'Angleterre, mûre depui , longtemps pour la liberté commerciale, en a seule bénéficié. List, par ce mot *retour graduel*, semble avoir prévu cette convention de 1860, née d'un caprice, réalisée comme un caprice, comme il a prévu, ailleurs, la puissance et la grandeur de son pays.

VI

Le livre deuxième porte ce titre : *la Théorie*, et, dans le premier chapitre, l'auteur s'est attaché à définir l'économie politique. Nous retrouvons là l'idée émise dans l'*Introduction* et qui, aujourd'hui, a fait quelque chemin. La théorie de List repose sur l'opposition de ces deux termes : économie politique, économie cosmopolite. Les fondateurs de la doctrine libre-échangiste n'ont envisagé la question qu'au point de vue de l'humanité entière ; l'unité de List, c'est la nation. Combien de fois n'a-t-on pas dit qu'il fallait envisager le libre-échange universel comme la plus haute expression du progrès ; mais ce progrès est lointain, tandis que les libre-échangistes parlent et agissent comme s'il pouvait être immédiatement réalisé. Le libre-échange n'est possible qu'à la condition d'être universel, qu'à la condition que toutes les nations vivent sur un pied d'égalité absolue, et ce sont les protectionnistes qui, par les encouragements à l'industrie, poussent au développement intellectuel et social et préparent un état de choses qui permettra l'établissement du libre-échange dont nous ne contestons pas plus les bienfaits que nous ne contestons ceux de la paix universelle ; mais nous n'en sommes pas encore là. N'envisageant que le genre humain dans son ensemble, l'économie cosmopolite, comme l'appelle List, applique à tous les peuples une doctrine unique et invariable ; l'économie politique se borne à enseigner comment une nation, dans des circonstances données, parvient, au moyen de l'agriculture, de l'industrie manufacturière et du commerce, à la prospérité, à la colonisation, à la puissance. Des penseurs, des philosophes peuvent rêver la fédération des peuples ; mais l'économiste peut-il, dans les conditions de la société actuelle, négliger l'idée de patrie pour celle de l'humanité ? n'a-t-il pas, au contraire, en présence des antagonismes de races et de nationalités, le devoir de contribuer au développement et à la puissance du pays auquel il appartient ? Notre esprit, devançant les âges, entrevoit, dans un avenir éloigné, le libre-échange universel établi sur la paix universelle, mais notre raison nous ramène à la réalité et nous voulons, en attendant l'âge d'or, que notre pays soit armé de tous les moyens de défense dans cette lutte pour la vie qui met aux prises les nations comme les individus.

Nous ne sommes pas loin, en théorie, de partager l'enthousiasme de nos adversaires. List a écrit ces lignes que nous ne désavouerons pas :

« Les trois royaumes unis de la Grande-Bretagne et de l'Irlande offrent un exemple éclatant et décisif des immenses résultats de la liberté du commerce entre des peuples associés. Qu'on se représente une association semblable entre toutes les nations du globe et l'imagination la plus vive ne saurait se figurer la somme de bien-être et de puissance qu'elle procurerait au genre humain. »

C'est aussi notre avis, mais l'association commerciale doit coexister avec une fédération politique ; supprimez la guerre, et toutes les causes qui divisent les différentes nations, et le dernier protectionniste aura bientôt disparu.

« L'École (nous n'avons pas besoin de donner la signification de ce mot) a admis comme réalisé un état de choses à venir. Elle présuppose l'existence de l'association universelle et de la paix perpétuelle et en conclut les grands avantages de la liberté du commerce. Elle confond ainsi l'effet avec la cause. La paix perpétuelle existe entre des provinces et des États déjà associés ; c'est de cette association qu'est dérivée leur union commerciale; ils ont dû à la paix perpétuelle où ils vivent les avantages que celle-ci leur a procurés. Tous les exemples que nous présente l'histoire nous montrent l'union politique précédant l'union commerciale. Elle n'en fournit point où la seconde ait frayé la voie à la première. Dans l'état actuel du monde, la liberté du commerce enfanterait, au lieu de la République universelle, l'assujettissement universel des peuples à la suprématie de la puissance prépondérante dans les manufactures, dans le commerce, dans la navigation.

» La République universelle, telle que l'entendaient Henri IV et l'abbé de Saint-Pierre, c'est-à-dire une association dans laquelle toutes les nations reconnaîtraient entre elles un régime légal et renonceraient à se faire elles-mêmes justice, n'est réalisable qu'autant qu'un certain nombre seraient parvenues à un degré à peu près égal d'industrie et de civilisation, d'éducation politique et de puissance. La liberté du commerce ne peut s'étendre que par le développement graduel de cette union ; c'est par elle seulement qu'elle peut procurer à tous les peuples les grands avantages dont les provinces et les États associés nous offrent aujourd'hui l'exemple. Le système protecteur, en tant qu'il est l'unique moyen d'élever les États moins avancés en civilisation au niveau de la nation prépondérante, laquelle n'a point reçu de la nature, à tout jamais, le monopole de l'industrie manufacturière, mais a seulement pris les devants sur les autres, le système protecteur apparaît, envisagé de ce point de vue, comme le plus puissant promoteur de l'association finale des peuples, par conséquent, de la vraie liberté du commerce. »

Au moment où List écrit, l'Angleterre tient, avec une incontestable supériorité, la tête du mouvement industriel ; envisageant l'application immédiate de la doctrine libre-échangiste, List en tire les conséquences suivantes :

« La nation anglaise, en tant que nation indépendante et isolée, prendrait son intérêt pour règle souveraine de sa politique ; attaché à sa banque, à ses lois, à ses institutions, à ses habitudes, l'Anglais emploierait, autant que possible, ses forces et ses capitaux dans l'industrie de son pays ; la liberté du commerce, en ouvrant tous les pays du monde aux produits des manufactures anglaises, ne pourrait que l'y encourager ; l'idée ne lui viendrait pas aisément de fonder des manufactures en France ou en Allemagne ; tout excédent de son capital serait dès lors appliqué en Angleterre au commerce extérieur. S'il était dans le cas d'émigrer ou de placer ses capitaux à l'étranger, comme aujourd'hui, il préférerait aux pays continentaux de son voisinage les contrées lointaines où il retrouverait sa langue, ses lois, ses institutions. L'Angleterre deviendrait ainsi une seule et immense cité manufacturière. L'Asie, l'Afrique et l'Amérique seraient civilisées par elle et couvertes de nouveaux États à son image. Avec le temps surgirait, sous la présidence de la métropole, un monde d'États anglais dans lequel les nations de l'Europe viendraient se perdre comme des races insignifiantes et stériles. La France partagerait avec l'Espagne et le Portugal la mission de fournir au monde anglais les vins les meilleurs et de boire elle-même les plus mauvais ; tout au plus conserverait-elle la fabrication de quelques articles de mode, etc. »

Il est inutile de pousser plus loin la citation ; n'est-ce pas qu'elle est curieuse ? Ces prévisions ont été bien près de se réaliser ; le danger existe toujours pour nous, où la liberté commerciale a donné la suprématie à l'Angleterre,

mais les autres peuples du continent se sont dé-
fendus, et l'Allemagne, en particulier, a su par
un système protecteur créer chez elle et développer l'industrie manufacturière qui a acquis, en
peu d'années, une puissance considérable. Comme
ce tableau de l'Angleterre envahissant le monde
entier par ses produits manufacturés est bien
exact! Avec le libre-échange universel, l'humanité serait bientôt anglaise. M. de Bismarck a
bien vu le danger que lui montrait la parole prophétique de List.

Une des contradictions les plus singulières
de l'école libre-échangiste, de l'École, comme
dit tout simplement List, est mise en lumière
dans le deuxième chapitre intitulé : La théorie
des forces productives et la théorie des valeurs.

L'École, qui s'adresse au genre humain, dans
son ensemble, ne tient compte que de la richesse
matérielle ou des valeurs échangeables ; c'est à
ses yeux le seul élément de prospérité. List
place, bien au-dessus, la force productive qu'il
considère comme la source même de la richesse.
« Les lois ne peuvent pas créer des richesses », a
écrit J.-B. Say, et cet axiome a produit d'incal-
culables ravages. Si les lois ne créent pas de
richesses, elles peuvent développer la force productive, origine de toute richesse. Écoutons
List :

« Le commerce extérieur de la nation ne doit pas être ap-
précié, comme celui du marchand, exclusivement d'après la
théorie des valeurs, c'est-à-dire par la seule considération du
profit matériel du moment; la nation doit en même temps
embrasser du regard l'ensemble des rapports d'où dépendent
son existence, sa prospérité et sa puissance dans le présent et
dans l'avenir. La nation doit faire le sacrifice et supporter la
privation de richesses matérielles pour acquérir des forces in-

tellectuelles et sociales; elle doit sacrifier des avantages présents pour s'assurer des avantages à venir... Comment, avec des arguments empruntés à la théorie des valeurs, peut-on entreprendre de prouver qu'une nation, de même qu'un particulier, doit acheter les marchandises dont elle a besoin là où elle les trouve au meilleur marché; qu'on est insensé de fabriquer soi-même ce qu'on pourrait se procurer au dehors à plus bas prix; qu'on doit abandonner l'industrie aux efforts des particuliers; que les droits protecteurs sont des monopoles qui favorisent les industriels aux dépens de la nation? Il est vrai que les droits protecteurs renchérissent au commencement les articles fabriqués; mais il est également vrai, et l'École même l'admet, qu'à la longue, chez un peuple capable d'un vaste développement industriel, ces articles peuvent être produits à meilleur marché qu'on ne peut les importer du dehors. Si donc ces droits protecteurs entraînent un sacrifice de *valeurs*, le sacrifice est compensé par l'acquisition d'une *force productive* qui, non seulement, assure à la nation, pour l'avenir, une quantité infiniment supérieure de richesses matérielles, mais encore l'indépendance industrielle, en temps de guerre. Une nation qui a une vocation manufacturière se conduit, en recourant au système protecteur, absolument comme un propriétaire qui sacrifie des valeurs matérielles afin de faire apprendre à ses enfants une industrie productive. »

Voilà, clairement exposée, la théorie des valeurs, chère aux libre-échangistes, et la théorie des forces productives. List nous en donne un exemple qui s'adresse à nous-mêmes:

« Supposons, dit-il, que la France considère comme suffisant un droit protecteur de 25 0/0 pour ses fabriques encore *incomplètement affermies*, mais que l'Angleterre alloue des primes de sortie de 30 0/0, quelle serait la conséquence du cadeau que l'Angleterre aurait ainsi fait à la France? Pendant quelques années les consommateurs français obtiendraient à bien meilleur marché les articles fabriqués dont ils ont besoin; mais les fabriques françaises seraient ruinées. — Le cadeau de l'Angleterre serait chèrement payé en forces productives; il ressemblerait au présent que le sultan a coutume de faire à ses pachas lorsqu'il leur envoie le précieux et fatal cordon. »

Eh bien! les Anglais n'ont pas eu besoin de

primes de sortie; les traités de 1860 leur ont fait faire, de ce chef, quelques économies, et l'hypothèse de List est devenue une navrante réalité.

Nous avons accueilli avec enthousiasme le cordon de soie; nous l'avons passé autour de notre cou, et les Anglais ont tiré avec une rare vigueur. Nous avons, grâce à notre vitalité inouïe, échappé à la mort; mais nous avons besoin de soins pour nous rétablir, pour redevenir ce que nous avons été, pleins de vie, de santé et de belle humeur. List va jusqu'au bout de son idée dans un second exemple :

« Si l'Angleterre s'engageait aujourd'hui à fournir gratuitement, aux Allemands, durant plusieurs années, tous les articles manufacturés qui leur sont nécessaires, nous ne leur conseillerions pas d'accepter cette offre. Supposons que les Anglais se trouvent, par de nouvelles inventions, en état de fabriquer la toile à 10 0/0 meilleur marché que les Allemands par les anciens procédés, et qu'ils aient sur les Allemands, dans l'emploi des procédés nouveaux, une avance de quelques années, une des plus importantes et des plus anciennes industries de l'Allemagne sera ruinée faute d'un droit protecteur; ce sera comme si la nation allemande avait perdu un de ses membres; mais qui pourrait se consoler de la perte d'un bras, par ce motif que ses chemises lui ont coûté 10 0/0 de moins? »

L'argument, sous sa forme légère, vaut plus que de longs discours.

On peut remarquer que List n'accorde à l'industrie agricole qu'une place restreinte dans son livre; il ne faut pas croire qu'il la dédaigne ; mais la prospérité agricole est, à ses yeux, la conséquence naturelle des progrès de l'industrie manufacturière ; il réserve ses faveurs à cette dernière parce qu'il y voit le point de départ de

la grandeur des nations et parce que ces faveurs
vont, par contre-coup, à l'agriculture.

« L'École, écrit-il, ne voit pas que l'industrie manufacturière, en surgissant dans un pays agriculteur, emploie et utilise une masse de forces de l'esprit et du corps, de forces naturelles et de forces instrumentales, ou de capitaux, comme
l'École les appelle, qui jusque-là étaient restées inactives et
qui, sans elle, auraient toujours dormi. L'École s'imagine
que l'introduction de l'industrie manufacturière dérobe ces
forces à l'agriculture pour les porter sur les fabriques, tandis qu'une puissance en majeure partie nouvelle a été créée,
puissance qui, bien loin d'avoir été acquise aux dépens
de l'agriculture, aide celle-ci à prendre un plus grand
essor. »

VII

L'œuvre des libre-échangistes a mis en lumière, il faut leur rendre cette justice, le principe
de la division du travail qui est la loi de la société moderne ; nous disons à dessein : société,
mais l'École, comme dit List, n'a pas vu si loin
et sa conception est plus restreinte. Cette division
du travail, elle ne l'applique qu'à l'industrie, tandis que l'économiste allemand a approfondi,
étendu et complété cette loi. Voici d'ailleurs sa
définition : « Ce n'est pas seulement une division
entre plusieurs individus des différentes opérations d'une industrie, c'est en même temps une
combinaison ou une association d'activités, de lumières et de forces diverses en vue d'une production commune. La puissance productive de
ces opérations ne tient pas uniquement à la divi-

sion, elle dépend essentiellement de l'association. »

Cette idée nous la retrouvons en germe dans l'œuvre du fondateur de l'Ecole, Adam Smith; mais List l'a reprise, l'a fouillée, et, sous sa plume, le principe s'est agrandi : il est devenu cette loi générale qui préside non seulement à la production individuelle, mais aux rapports internationaux. On sait l'exemple invoqué par Adam Smith : la fabrique d'aiguilles ; la démonstration est concluante, mais elle ne s'applique qu'à l'industrie et aux efforts individuels. List l'étend à la production universelle : « Toute fabrique, dit-il, quelle qu'elle soit, ne peut fleurir que par la combinaison de ses forces productives avec celles de toutes les autres fabriques. » Des faits récents ont prouvé combien cette proposition était exacte ; ici même, chez nous, en France, nous avons traversé une crise difficile qui a atteint toutes les branches de la production ; les mesures de protection prises par le Parlement en faveur d'une industrie particulière ont rendu l'espoir au commerce et à l'agriculture ; il y a solidarité intime entre toutes les forces productives ; on peut le voir par l'exemple de l'Allemagne, où la protection accordée à la fabrique a amené l'agriculture à un degré de prospérité inouïe :

« L'accroissement des forces productives, conséquence de la séparation des opérations industrielles et de la combinaison des forces individuelles, commence par la fabrique et s'étend jusqu'à l'association nationale. La fabrique est d'autant plus prospère que les tâches y sont plus divisées, que les ouvriers y sont plus intimement unis et que la coopération de chacun est plus assurée. La force productive de chaque fabrique est d'autant plus grande que l'ensemble de l'indus-

trie manufacturière est plus développé dans toutes ses rami-
fications, et qu'elle-même est plus étroitement rattachée aux
autres branches de la fabrication. La force productive agricole est aussi d'autant plus grande que l'agriculture est plus
étroitement unie par des relations à la fois locales, commerciales et politiques, à une industrie manufacturière perfectionnée dans toutes ses branches. A mesure que l'industrie manufacturière se développe, le partage des opérations et la combinaison des forces productives se dessinent dans l'agriculture,
et elles s'élèvent au plus haut degré de perfection. »

Nous ne nous éloignons pas de notre sujet, on
le voit, en suivant List dans les développements
qu'il a donnés à sa conception de la division du
travail; la prospérité de l'Allemagne s'explique par
la citation précédente; si l'agriculture s'y est développée, c'est grâce aux encouragements donnés
à l'industrie; cette idée a fait la grandeur économique de l'Allemagne, comme l'idée de l'unité
nationale que List a développée dans d'autres passages a fait la fortune politique de son pays.
Quand la solidarité étroite qui unit l'agriculture
à l'industrie apparaîtra distinctement en France
aux yeux du public, quand cette vérité, qui
commence à s'acclimater, aura prévalu, nous
toucherons à la solution du problème. Notre
agriculture et notre industrie ont suivi une voie
parallèle; elles ont subi une dépréciation égale;
pour rendre à la première son importance et sa
prospérité, il faut relever la seconde. Le jour où
l'industrie française aura, par des encouragements intelligents, reconquis sa prépondérance,
la production agricole retrouvera en grande
partie sa prospérité par les débouchés que lui
offrira l'industrie nationale :

« Une nation adonnée exclusivement à l'agriculture est
comme un individu qui, dans sa production matérielle, est

privé d'un bras. Le commerce n'est que l'intermédiaire entre l'agriculture et l'industrie manufacturière et entre leurs branches particulières. Une nation qui échange ses produits agricoles contre des articles des manufactures étrangères est un individu qui n'a qu'un bras et qui s'appuie sur un bras étranger. Cet appui lui est utile, mais il ne remplace pas le bras qui lui manque, par cela seul que son activité est soumise au caprice de l'étranger. En possession d'une industrie manufacturière, elle peut produire autant de denrées alimentaires et de matières brutes que ses propres manufactures en consomment ; dépendante des manufactures étrangères, elle ne peut produire en excédent que ce que les peuples étrangers ne peuvent pas produire eux-mêmes et ce qu'ils sont obligés d'acheter au dehors. »

Ces lignes ont été écrites en 1841 ; l'événement prouve que la théorie exposée par List a des conséquences plus rigoureuses encore que celles qu'il indique ; notre production agricole en a fait la dure expérience ; sa ruine, qui a coïncidé avec la dépréciation de notre industrie manufacturière, a été accélérée par l'introduction des blés étrangers. Avant de chercher pour elle des débouchés à l'étranger, il faut lui rendre, en surexcitant l'activité de notre industrie, notre marché intérieur.

Si le principe de la division du travail, découvert par Adam Smith, est devenu, avec les développements que lui a donnés List, une loi générale, il s'en faut de beaucoup qu'une autre théorie, également chère aux libre-échangistes, ait eu la même fortune.

Le fondateur de l'Ecole émet cet axiome que l'intérêt privé est la base de l'intérêt général. On connaît la doctrine, chère à bien des esprits :

« Ce qui est prudence dans la conduite de chaque famille en particulier, ne peut guère être folie dans celle d'un

grand empire, lit-on dans la *Richesse des nations*. Tout en
ne poursuivant que son propre intérêt, chaque individu travaille nécessairement pour l'intérêt de la société. »

List s'élève avec force contre cette doctrine
égoïste qui n'a eu autant de succès, il faut bien
le dire, que parce qu'elle flattait la vanité de la
foule.

« Eh quoi! dit-il, la sagesse de l'économie privée est-elle
donc aussi la sagesse de l'économie publique ? Est-il dans
la nature de l'individu de se préoccuper des besoins de l'avenir, comme c'est dans la nature de la nation et de l'Etat?
Considérez seulement la fondation d'une ville américaine;
chacun abandonné à lui-même ne songerait qu'à ses propres
besoins ou tout au plus à ceux de sa descendance immédiate ;
tous les individus réunis en société se préoccupent des soins
et des convenances des générations les plus éloignées; ils
soumettent, dans ce but, la génération vivante à des priva-
tions et à des sacrifices qu'aucun homme de sens ne pourrait
attendre des individus. L'individu peut-il, d'ailleurs, dans la
conduite de ses affaires privées, avoir égard à la défense du
pays, à la sûreté publique, à mille buts qui ne peuvent être
atteints que par la société? La société n'impose-t-elle pas à
cet effet des restrictions à la liberté des individus? N'exige-
t-elle pas le sacrifice d'une portion de leur gain, d'une
part de leur travail intellectuel et corporel, de leur vie
même? »

Voilà la réfutation de la doctrine du laisser-
faire, du laisser-passer, qui a en France, à l'heure
actuelle, des adhérents nombreux; nous sommes
les victimes de ce libéralisme théorique qui prétend ramener à une conception commune la
politique et l'économie, le gouvernement et l'industrie, la parole et la production. Les libre-
échangistes n'ont pas invoqué l'amour de l'humanité, mais bien la liberté; aujourd'hui, il existe
une École qui, au nom de cette même liberté,
proscrit toute intervention de l'Etat. Ceux qui
n'entrevoient la liberté du commerce que dans

un avenir lointain, que comme un progrès sou-
mis à des conditions difficilement réalisables, et
qui cherchent, avant tout, la grandeur et la
prospérité de leur pays, sont bien près de passer pour des réactionnaires.

La situation ne laisse pas que d'être délicate
dans un pays où la politique tient une si grande
place, mais c'est le devoir des hommes que n'é-
gare pas un fanatisme étroit de protester contre
ces allégations, de montrer que la liberté politique n'a, pour l'instant, que de lointains rapports avec le principe de la liberté commerciale,
et que si, un jour, les nations voient tomber les
barrières douanières, ce sera grâce aux efforts
qui les auront amenées, individuellement, à un
degré égal de puissance et de perfection. C'est
l'idée qui se dégage du *Système national* de List;
c'est celle qui commence à percer en France et
qui finira par s'imposer. List, d'ailleurs, n'a
laissé aucun argument sans réponse; il a reconquis, pas à pas, le terrain sur lequel Adam
Smith et J.-B. Say avaient, en l'absence d'adversaires, planté le drapeau du libre-échange
universel. Voici un passage que nous croyons
devoir citer en entier :

« L'assertion de l'École que le système protecteur entraîne
une intervention illégitime et anti-économique du gouvernement dans l'emploi du capital et dans l'industrie des particuliers, tombe d'elle-même, si nous considérons que ce sont les
règlements commerciaux des étrangers qui sont coupables de
pareils empiètements dans notre industrie privée, et que c'est
seulement à l'aide du système protecteur que nous pouvons
détourner les funestes conséquences de la politique étrangère.
Quand les Anglais excluent nos grains de leurs marchés, que
font-ils autre chose qu'interdire à nos cultivateurs de semer
le blé que, sous le régime de la libre importation, ils auraient

expédié en Angleterre ? S'ils frappent nos laines, nos vins et nos bois de construction de droits si élevés que nos envois en Angleterre cessent entièrement ou à peu près, quelques-unes de nos industries ne sont-elles pas entravées dans une certaine mesure par le gouvernement britannique ? Il est évident que, dans de pareils cas, la législation étrangère donne à nos capitaux et à nos forces productives personnelles une direction que, sans elle, ils auraient difficilement suivie. Il suit de là que si nous négligions de donner, par notre propre législation, à notre industrie nationale, une direction conforme à nos intérêts nationaux, nous ne pourrions pas empêcher, du moins, les peuples étrangers de régler notre industrie nationale dans leur intérêt réel ou supposé et, en tous cas, de manière à arrêter le développement de nos forces productives. Mais lequel est le plus raisonnable, le plus avantageux à nos concitoyens, de laisser régler notre industrie privée par une législation étrangère ou de la régler soi-même, conformément à nos intérêts?... »

« Quand l'Ecole prétend que les droits protecteurs procurent aux fabricants du pays un monopole aux dépens des consommateurs du pays, elle fait une mauvaise chicane, car tout individu, dans le pays, étant libre d'exploiter le marché intérieur assuré à l'industrie nationale, il n'y a point là de monopole privé; il n'y a qu'un privilège octroyé à tous nos compatriotes, vis-à-vis des étrangers, privilège d'autant plus légitime que les étrangers en possèdent chez eux un semblable, et que nos compatriotes sont mis ainsi sur le même pied qu'eux. Il n'y a de privilège absolu ni au profit des producteurs, ni au détriment des consommateurs; car si les producteurs demandent, dans le commencement, des prix élevés, c'est qu'ils ont à faire face à de grands risques, à ces pertes, à ces sacrifices extraordinaires qui accompagnent toujours les débuts d'une fabrication. Mais contre une indécente exagération des profits et contre leur durée indéfinie, les consommateurs trouvent une garantie dans la concurrence intérieure qui surgit ensuite et qui, en général, fait tomber les prix beaucoup plus bas qu'ils ne fussent descendus sous la libre concurrence de l'étranger. Si les agriculteurs, qui sont le principal débouché des manufactures, payent plus cher les articles fabriqués, ils sont largement dédommagés de cet inconvénient par une demande plus forte de leurs produits agricoles et par une élévation de leurs propres prix. »

Le morceau est long, mais il mérite d'être lu

et d'être médité; c'est la théorie de la richesse nationale opposée à la richesse individuelle, qu'on s'obstine à confondre, ainsi que nous l'avons indiqué. List a démontré par une formule très simple la différence qui existe entre les deux termes.

Le libre-échange a pour but d'accroître la somme des valeurs échangeables du pays, et il néglige ses forces productives. Nous croyons, avec List, que les nations, prises isolément, ont une mission plus haute, c'est d'accroître les forces productives qui, à un moment, donneront une impulsion nouvelle aux valeurs échangeables.

L'Angleterre a su réaliser ce projet, moins par un système de douanes que par la division du travail qui est arrivée, chez elle, au plus haut point de perfection. Mais la division du travail n'est pas l'œuvre des individus, elle est l'œuvre des générations; c'est un travail de longue haleine qui ne peut s'accomplir sans la direction de l'Etat. La nation anglaise est, seule aujourd'hui, en état de profiter de la libre concurrence du commerce international; les autres nations sont ses tributaires, par suite de leur état d'infériorité; il faut, avant tout, les mettre sur un pied d'égalité. C'est ce but qu'a poursuivi le prince de Bismarck, qui a donné à l'industrie allemande un développement inouï. Il faut bien se convaincre de cette vérité, que beaucoup contestent encore, c'est qu'il y a une distinction à faire entre les peuples qui ont atteint un degré supérieur de développement économique et ceux qui sont placés plus bas sous ce rapport. Si le régime de la liberté commerciale convient mieux aux premiers, il a pour les autres les mêmes inconvénients qu'une croissance hâtive pour un jeune homme. Nous l'avons éprouvé; nous avons éprouvé aussi les dangers de ces théories humanitaires qui s'obstinent, dans les questions économiques, à sacrifier la nation à l'humanité. Certes, le rêve est séduisant, mais le réveil est gros de déceptions :

« Dans l'hypothèse de l'association universelle, dit List, toute restriction à un commerce honnête entre des pays différents paraît déraisonnable et nuisible. Mais tant que d'autres nations subordonneront les intérêts collectifs de l'humanité à leurs propres intérêts, il sera insensé de parler de libre concurrence entre individus de nations différentes. »

L'école du libre-échange n'a pas proscrit absolument l'intervention de l'Etat, mais elle l'admet à titre temporaire; List rappelle que J.-B. Say, lorsque, *par exception*, il permet à l'Etat de protéger l'industrie nationale, y met cette condition qu'il y ait apparence qu'au bout de quelques années, elle sera capable de vivre par elle-même :

« Il la traite ainsi comme un apprenti cordonnier auquel on n'accorde que quelques années pour savoir son métier, de manière à pouvoir se passer de l'aide de ses parents. »

Nous avons eu, récemment, une application de la doctrine; la surtaxe sur les sucres étrangers, sans laquelle l'impôt sur la betterave eût été illusoire, a été votée, avec cette condition expresse qu'elle disparaîtrait au bout de deux ans. Et les libre-échangistes se sont plaints !

VIII

Voici, en quelques lignes, les griefs de List contre l'école libre-échangiste :

« Elle présente, premièrement, un cosmopolitisme chimérique qui ne comprend pas la nationalité et qui ne se préoccupe pas des intérêts nationaux ; en second lieu, un matérialisme sans vie, qui voit partout la valeur échangeable des choses, sans tenir compte ni des intérêts moraux et politiques, ni du présent et de l'avenir, ni des forces productives de la nation ; troisièmement, un particularisme, un individualisme désorganisateur qui, méconnaissant la nature du travail social et l'opération de l'association des forces dans ses conséquences les plus élevées, ne représente au fond que l'industrie privée telle qu'elle se développerait dans de libres rapports avec la société, c'est-à-dire avec le genre humain tout entier, s'il n'était pas partagé en différentes nations. »

A chaque page, List revient avec insistance sur cette idée qui, à ses yeux, domine tous les systèmes, toutes les conceptions, sur l'idée de la nation ; c'est cette idée, nous le savons trop, qui a fait l'unité et la grandeur de l'Allemagne. Avons-nous besoin, aujourd'hui, de prendre contre le libre-échange la défense de cette entité que, suivant un mot récent, il considère comme une quantité négligeable ? Et la guerre de 1870 ne devrait-elle pas avoir détruit, chez nous, ces idées de cosmopolitisme que la doctrine de la liberté commerciale a répandues dans le public ? Elles existent encore, cependant, malgré les dures leçons que nous avons reçues, et devant l'Europe en armes, on vient encore aujourd'hui nous prêcher une politique de paix universelle ; on vient soutenir un système qui ne peut s'adapter qu'à une humanité arrivée à son plus haut point de perfection, dans laquelle n'existeraient plus aucuns ferments de discorde, de haine ou d'antagonisme. Si ce jour vient jamais, il aura été préparé par ceux qui auront le plus contribué au développement individuel de chaque nation, et c'est là toute la philosophie de la protection, qui a pour but le bonheur de l'humanité, tout comme le libre-échange, mais qui indique, en outre, les moyens qu'il faut employer pour y parvenir.

Aux théories de nos adversaires nous opposons des faits précis, à leurs arguments des procédés déterminés. La France a eu le malheur de se laisser prendre aux sentimentalités de l'école libre-échangiste ; l'Allemagne a rencontré, dans le prince de Bismarck, un homme politique, uniquement préoccupé du sort de son pays.

On sait les conséquences de ces deux systèmes ; nous ne sommes pas au bout, et List avait, en 1841, prévu l'avenir qui va se dérouler à nos yeux :

« C'est par son association douanière, dit-il, que la nation allemande a acquis la jouissance d'un des plus importants attributs de sa nationalité. Toutefois, cette institution ne doit pas être considérée comme parfaite, tant qu'elle ne s'étendra pas à tout le littoral, des embouchures du Rhin aux frontières de la Pologne, y compris la Hollande et le Danemark. Une conséquence naturelle de cette union est l'admission de ces deux pays dans la confédération germanique, partant, dans la nationalité allemande, qui obtiendra ainsi ce qui lui manque aujourd'hui, savoir: des pêcheries et des forces de mer, un commerce maritime et des colonies. »

Tout en analysant le livre de List à un point de vue particulier, tout en cherchant à mettre

en lumière les arguments, les théories, les prophéties qui peuvent justifier le titre que nous
avons donné à cette étude, nous sommes amenés,
parfois, à élargir un peu notre plan ; le chapitre
que nous étudions en ce moment n'intéresse pas
uniquement l'Allemagne, il procède d'une idée
plus générale; ce n'est plus seulement l'Allemand, dévoué de tout cœur à la grandeur de
son pays, et lui préparant un glorieux avenir,
qui parle, c'est l'économiste, c'est l'adversaire du
libre-échange, adversaire résolu mais non pas
exclusif, dont l'esprit admet les bienfaits de la
liberté universelle, lorsque la paix universelle
sera établie. La leçon s'adresse à tous, dans le
passage suivant, et nous pouvons en faire notre
profit :

« L'École ne peut nier que le commerce intérieur d'un
peuple ne soit dix fois plus considérable que tout commerce
étranger, même lorsque ce dernier est à son plus haut point
de prospérité ; mais elle a omis d'en tirer la conséquence, si
simple cependant, qu'il *est dix fois plus utile d'exploiter et
de conserver son marché intérieur que de chercher la richesse au dehors*, et que le commerce extérieur ne peut être
important que là où l'industrie nat'onale est parvenue à un
haut degré de développement. — Une nation qui conquiert
son marché intérieur gagne à la longue, dans sa production
et dans sa consommation d'objets fabriqués, infiniment plus
que celle qui l'a jusque-là approvisionnée ne perd par
l'exclusion prononcée contre elle ; car, en fabriquant elle-
même, en complétant son développement économique, elle
devient incomparablement plus riche et plus populeuse, par
conséquent plus capable de consommer des articles fabriqués que si elle était restée dans la dépendance de l'é-
tranger. »

Est-il nécessaire de faire remarquer que la
doctrine du libre-échange en est encore au même
point qu'en 1841, au moment où List écrivait
les lignes précédentes; il convient, cependant,

de constater que son indifférence pour le marché intérieur s'est émue, et nous avons vu, il y a quelques jours, un des organes les plus dévoués au libre-échange faire amende honorable devant les souffrances de notre agriculture. Le remède qu'indique List aurait-il aujourd'hui une efficacité suffisante? On a vu, à plusieurs reprises, que dans le parallèle qu'il établit entre la production agricole et la production manufacturière, il assigne à cette dernière une place prépondérante. L'industrie est, à ses yeux, la cause déterminante du développement et de la prospérité de l'agriculture; il revient avec insistance sur cette idée dont l'Allemagne suffit à nous démontrer la vérité. Mais il ne pouvait prévoir cette invasion de l'Amérique et de l'Inde qui a entraîné l'avilissement de notre production nationale. Si la théorie du libre-échange admet quelque tempérament, quelque restriction, elle n'a plus d'autre valeur que celle que nous lui assignons nous-mêmes, celle d'une utopie séduisante et d'une application lointaine.

Nous sommes convaincus, avec List, que l'industrie manufacturière est un des principaux éléments de la prospérité agricole, mais depuis l'époque où parut le *Système national d'économie politique*, depuis 1841, l'agriculture, elle aussi, est devenue une industrie. List a consacré tout un chapitre de son livre à la comparaison entre l'état agricole et l'état manufacturier, et il a un peu abaissé le premier au profit du second; il nous a donné de l'agriculteur un portrait qui, depuis longtemps, n'est plus ressemblant, car l'invention des machines, les progrès de la chimie, les chemins de fer ont modifié sensiblement ses conditions d'existence ; nous pourrions ajouter aussi que le suffrage universel, en appelant à la vie publique tous les habitants des campagnes, n'a pas été étranger à cette révolution économique dont List voyait poindre l'aurore ; lui-même a pris le soin de nous dire que dans cette comparaison qu'il faisait de l'état agricole et de l'état manufacturier, c'est l'agriculture dans son état primitif qu'il faut envisager et non pas celle qui s'est perfectionnée sous l'influence des manufactures. En ce qui nous concerne, avec la législation qui a arrêté l'essor de notre industrie manufacturière, la théorie de List est, hélas ! trop vraie ; car notre agriculture en est restée, sur beaucoup de points, à l'état primitif. Qu'on n'aille pas croire que List sacrifie l'agriculture à l'industrie, loin de là ; ce qu'il veut, ce qu'il demande, ce qu'il poursuit, c'est la coexistence de ces deux industries ; il a pris la société à son début, il l'a suivie dans son développement ; il nous montre l'état agricole succédant à l'état pastoral, et, au sommet de l'échelle économique, il place l'état à la fois manufacturier et agricole qui représente, à ses yeux, la résultante des efforts antérieurs.

Voici quelques citations au hasard :

« Le capital matériel de l'agriculteur ne s'accroit sur une grande échelle, régulièrement et indéfiniment, que du jour où une industrie manufacturière armée de toutes pièces apparait au milieu des cultivateurs.

. . . .

» La plus vaste partie du capital matériel d'une nation est placée dans le sol. En tous pays la valeur des fonds de terre, des propriétés bâties dans les campagnes et dans les villes, des ateliers, des usines, des mines, etc., se compose des deux tiers aux neuf dixièmes de toutes les valeurs que la nation possède ; on doit donc admettre en principe que tout ce qui augmente ou diminue la valeur de la propriété foncière accroit ou amoindrit la masse des capitaux matériels de la nation. Or, nous voyons que la valeur des terres d'une même fertilité naturelle est incomparablement plus grande dans le voisinage d'une petite ville que dans une région écartée, près d'une grande ville que près d'une petite, dans un pays manufacturier que dans un pays purement agricole.

» Il s'ensuit que l'accroissement du capital agricole dépend de l'accroissement du capital manufacturier, et réciproquement.

. . . .

» La production rend la consommation possible et le désir de consommer excite à produire. Le pays purement agricole dépend, pour sa consommation, de la situation des pays étrangers, et quand cette situation ne lui est pas favorable, la production qu'avait provoquée le désir de consommer est anéantie. Mais dans la nation qui réunit sur son territoire l'industrie manufacturière et l'agriculture, l'émulation réciproque ne cesse d'exister, et ainsi l'accroissement de la production continue de part et d'autre ainsi que celui des capitaux.

. . . .

» Si la protection en faveur des manufactures indigènes portait préjudice aux consommateurs de produits fabriqués et ne servait qu'à enrichir les fabricants, les propriétaires fonciers et les agriculteurs qui constituent, parmi ces consommateurs, la classe la plus nombreuse et la plus importante, seraient particulièrement atteints. Mais on peut établir que cette classe retire des manufactures de plus grands avantages que les fabricants eux-mêmes ; car les manufactures créent une demande pour une plus grande variété et pour une plus grande quantité de produits ruraux, augmentent la valeur échangeable de ces produits et permettent à l'agriculteur de tirer un meilleur parti de sa terre et de son travail. Il s'ensuit une hausse de la rente territoriale, des profits et des salaires, et l'accroissement de la rente et des capitaux a pour conséquence l'accroissement de la valeur échangeable de la terre et du travail.

. . . .

» Tout capital utilement employé dans les manufactures par la nation agricole décuple, avec le temps, la valeur du sol. Ce fait a pour cause l'accroissement de la force productive de la nation, accroissement qui lui-même est l'effet d'une division rationnelle du travail et d'une association plus éner-

gique des forces nationales, d'un meilleur emploi des forces
morales et naturelles dont le pays dispose, du commerce
étranger enfin.

. . . .

» Une prospérité passagère en agriculture est un bien plus
grand mal qu'une pauvreté constante. Pour que la prospérité soit avantageuse aux individus ou aux nations, il faut
qu'elle dure. Elle durera si elle s'accroît peu à peu et si le
pays possède les garanties de cet accroissement et de cette
durée. Une faible valeur échangeable du sol vaut beaucoup
mieux qu'une fluctuation dans cette valeur; une hausse per-
sistante et progressive peut seule assurer au pays une prospérité durable, et l'existence de l'industrie manufacturière
chez une nation bien constituée est la garantie d'une hausse
régulière et soutenue. »

Une dernière citation sur ce sujet :

« La rente est l'intérêt d'un capital fixé dans un fonds naturel ou d'un fonds naturel capitalisé. Mais le territoire de
la nation qui n'a fait que capitaliser le fonds naturel servant
à l'agriculture, et cela de la manière très imparfaite que
comporte ce degré de civilisation, rapporte des rentes infiniment moindres que celui de la nation qui réunit l'agriculture
et l'industrie manufacturière. Lorsqu'une nation, dont l'agriculture et la population ont déjà pris un notable développement, fonde chez elle des manufactures, elle capitalise non
seulement les forces naturelles particulièrement utiles aux
manufactures et jusque-là restées oisives, mais aussi la plus
grande partie des forces manufacturières qui servaient à l'agriculture. L'accroissement de ses rentes est, par conséquent,
de beaucoup supérieur à l'intérêt des capitaux matériels nécessaires pour l'établissement des manufactures. »

Cette action de l'industrie manufacturière sur
l'agriculture, List l'a développée avec une énergie peu commune. Il en a fait, en quelque sorte,
la loi générale de son système.

IX

On a pu voir, au cours de cette étude, avec quelle insistance List revient, à tous moments, sur la nécessité d'une industrie manufacturière florissante. Il sacrifie même un peu l'agriculture à l'industrie, car tout en ne les séparant pas, tout en assignant la première place à la nation qui est en même temps manufacturière et agricole, l'agriculture est, à ses yeux, dans un véritable état de dépendance vis-à-vis de l'industrie.

L'économiste allemand ne semble point partisan des droits protecteurs sur les produits agricoles. En effet, c'est qu'il ne pouvait prévoir que la production des pays d'outre-mer viendrait modifier si radicalement les conditions économiques du vieux monde? L'agriculture, au point de vue des forces productives, apparaît d'ailleurs à List comme inférieure à l'industrie manufacturière, et il en est de même du commerce. Sur ce point, il est encore plus affirmatif:

« Sans doute, dit-il, le commerce est productif, mais il l'est tout autrement que l'agriculture et que l'industrie manufacturière. Celles-ci fournissent des marchandises, tandis que le commerce n'est que l'intermédiaire de l'échange des marchandises entre les agriculteurs et les manufacturiers, entre les producteurs et les consommateurs. Il suit de là que le commerce doit être réglé suivant les intérêts et les besoins de l'agriculture et de l'industrie manufacturière, et non l'agriculture et l'industrie suivant les intérêts et les besoins du commerce. »

List, poussant son raisonnement à l'extrême, fait au commerce un véritable procès.

Pour lui, qui est possédé par la grande idée

de l'unité nationale, le commerçant est presque un ennemi, car il est cosmopolite. Lisez ce portrait :

« Le commerçant peut atteindre son but, qui consiste à acquérir des valeurs par la voie de l'échange, même aux dépens des agriculteurs et des manufacturiers, aux dépens des forces productives, que dis-je ? de l'indépendance de la nation. Il ne s'inquiète nullement, et la nature de ses opérations et de son but l'en dispense, de rechercher l'influence que les marchandises qu'il importe ou qu'il exporte peuvent exercer sur la moralité, sur la prospérité et sur la puissance du pays. Il importe tout aussi bien des poisons que des remèdes. Il énerve des nations entières au moyen de l'opium et de l'eau-de-vie. Que, par l'importation légale ou par la contrebande, il procure à des centaines de milliers d'individus du travail ou du pain, ou qu'il les réduise à la mendicité, cela lui importe peu, pourvu qu'il réalise un profit. Si ses compatriotes affamés essayent d'échapper par l'émigration à la misère qu'ils endurent dans leur patrie, il gagne encore des valeurs échangeables en les transportant. En temps de guerre, il approvisionne l'ennemi d'armes et de munitions ; il vendrait à l'étranger, si c'était possible, jusqu'aux champs labourables et aux prairies, et après avoir fait argent du dernier morceau de terre, il s'embarquerait sur son navire et s'exporterait lui-même. »

Le portrait est un peu poussé au noir, on le voit, et cependant on pourrait y mettre le nom du modèle ; la préférence que List accorde à l'industrie le rend sévère et même injuste pour le commerce ; il reproche aux commerçants leur immoralité, mais ces poisons et ces armes qu'ils exportent ont été recueillis ou fabriqués par des agriculteurs et des manufacturiers. Combien plus vraie est cette réflexion dans sa forme axiomatique :

« Les intérêts des commerçants en particulier et celui de la nation entière sont deux choses essentiellement distinctes. »

Qu'on nous permette une simple remarque,

inspirée par des faits d'une actualité récente, et qui est un argument à ajouter à ceux qu'invoque notre auteur. L'école libre-échangiste affiche pour le commerce une préférence marquée; c'est l'enfant chéri de son cœur. La liberté du commerce a pour effet, à ses yeux, de donner au consommateur les plus sérieuses garanties. Par la libre concurrence, les marchandises de toute nature, les objets de consommation sont forcément ramenés à leur cours le plus bas; d'où cette conclusion que le commerce et la consommation ont des intérêts communs et identiques, la production et la consommation des intérêts opposés. C'est de cette idée que procède l'école libre-échangiste, et elle a à peu près réussi à la faire accepter par le public ; on est arrivé à séparer la France en deux castes distinctes, ennemies l'une de l'autre : d'un côté le producteur qui cherche à vendre le plus cher possible, de l'autre le consommateur qui veut acheter le meilleur marché; cette théorie est fausse de tous points et loin d'y avoir antagonisme entre les intérêts du producteur et du consommateur, il y a communauté, il y a souvent même identité ; le producteur est également consommateur et le consommateur est presque toujours producteur. On sait la campagne ouverte contre les boulangers. Qui donc, depuis longtemps, a bénéficié de l'abaissement des grains et des farines? Le consommateur paie toujours aussi cher, et quant au producteur, il est ruiné : à qui a profité l'avilissement des prix ? Il y aurait beaucoup de choses à dire encore sur ce chapitre, mais nous nous en voudrions de mêler nos opinions personnelles à celles du grand économiste ; nous avons voulu, simplement, étayer sa théorie d'un argument qui emprunte à des faits actuels une réelle importance.

List nous apparaît, dans son livre, comme obsédé par une double préoccupation : constituer l'unité nationale pour en faire la base de la prospérité du pays, et s'en remettre à l'industrie manufacturière du soin d'amener cette prospérité au plus haut degré qu'elle puisse atteindre. Il veut qu'on n'épargne rien, ni soins, ni peines, ni sacrifices pour développer l'industrie, pour lui assurer une vie propre ; il a trouvé dans le prince de Bismarck un interprète fidèle de ses idées, et l'Allemagne a grandi à l'ombre de son système. Nous en verrons l'accomplissement définitif, indiqué dans ces lignes prophétiques :

« Le couronnement de l'industrie manufacturière, du commerce intérieur et extérieur qu'elle crée, d'un cabotage actif, d'une importante navigation au long cours et de grandes pêcheries maritimes, d'une puissance navale respectable enfin, CE SONT LES COLONIES. »

Ces quelques lignes sont la genèse de l'empire allemand ; la guerre de 1870 a fait l'unité nationale, préparée par l'association douanière, le développement de l'industrie a créé un grand courant commercial et une marine ; il donnera à l'Allemagne les colonies qui lui manquent. Il faut rendre cette justice au prince de Bismarck que s'il a résolument entrepris d'appliquer le programme tracé par List, il ne s'est pas tenu exclusivement sur le terrain de la théorie économique. List aura eu ce rare bonheur de rencontrer un disciple qui est, en même temps, un homme d'Etat, et le prince de Bismarck, tout en poursuivant avec la ténacité qui est le fond de son caractère un but désigné à l'avance, n'a négligé, pour y parvenir, aucun élément de suc-cès. Homme politique plutôt qu'économiste, le chancelier a donné à la politique une plus large part qu'à l'économie ; il a étendu et agrandi le système de List, y faisant intervenir des élé-ments qu'avait négligés l'auteur du *Système na-tional*. Et puis, à l'âge de M. de Bismarck, on est un peu pressé ; les colonies sont, aux yeux de List, le complément naturel d'une grande prospérité industrielle ; M. de Bismarck ne peut attendre que cette loi se réalise ; l'expansion in-dustrielle de l'Allemagne amènerait fatalement l'établissement de colonies allemandes ; M. de Bismarck coupe court : il s'empare d'un coin de terre d'où sortira l'empire colonial de son pays. Mais il ne suffit pas d'avoir des colonies, il faut savoir s'en servir.

La question est actuelle, elle nous intéresse tout autant que l'Allemagne, au moment où notre empire colonial semble appelé à un déve-loppement imprévu ; et nous sommes plus que personne intéressés à savoir quel est le meilleur système de colonisation, nous qu'on accuse, à tous propos, de ne pas être colonisateurs. Nous allons même jusqu'à accepter le reproche, et c'est le principal argument de ceux qui réprou-vent toute expédition lointaine. Nous l'a-t-on dit assez souvent : Pourquoi des colonies puisque vous n'êtes pas colonisateurs ? Pas colonisateurs ? et il y a actuellement encore au Canada une po-pulation française ; la Nouvelle-Orléans compte un nombre considérable de nos compatriotes. Nous ne sommes pas colonisateurs dans nos

propres colonies, parce que le commerçant français n'y trouve pas la protection à laquelle il a
droit, parce que nous sommes vis-à-vis des
Anglais sur un pied d'infériorité, et parce que
nos nationaux préfèrent trafiquer des objets anglais, dans les pays où ces objets constituent le
principal élément de consommation. Le jour où
notre industrie pourra se présenter sur nos marchés dans les mêmes conditions que l'industrie
anglaise, elle n'aura plus rien à craindre de sa
concurrence. Ecoutez List, et vous allez voir,
dans les quelques lignes suivantes, le germe de
cette idée que, plusieurs fois, nous avons arrêtée
au passage ; vous allez voir que l'antipathie ma-
nifestée par le prince de Bismarck contre l'Angleterre est encore un legs de l'économiste :

« L'Angleterre ne doit son immense empire colonial qu'à
sa prépondérance manufacturière ; si les autres nations européennes veulent participer à l'œuvre avantageuse d'appeler
des pays sauvages à la culture, de civiliser des peuples restés
barbares, ou anciennement civilisés mais retombés dans la
barbarie, elles doivent commencer par développer leur industrie manufacturière, leur navigation marchande et leur
marine militaire. Et si, dans ces efforts, elles sont entravées
par la nation qui exerce la suprématie dans les manufactures, dans le commerce et dans la marine, une association
entre elles est le seul moyen d'avoir raison de ces prétentions
illégitimes. »

Ne dirait-on pas ces lignes écrites d'hier ? La
voilà, dans toute sa simplicité, la ligue européenne contre les *prétentions illégitimes* de l'Angleterre, dont le chancelier de fer a déjà posé les
bases et qui se prépare, dans l'ombre et le mystère.

Pour terminer l'étude du livre deuxième, qui
porte ce titre, *la Théorie*, nous n'avons plus qu'à

analyser un dernier chapitre, intitulé : La douane envisagée comme moyen puissant de créer et d'affermir l'industrie manufacturière du pays. Ici nous n'avons qu'à citer, et puissent les lignes qui suivent être lues et méditées par tous ceux qui auront à se prononcer sur le sort de l'industrie française à l'occasion de la revision de nos tarifs de douanes.

On va voir que List, tout en défendant avec énergie fson système, n'y apporte pas le même fanatisme, la même intolérance que ses adversaires. Qu'on en juge :

« Les mesures de protection ne sont légitimes que dans le but d'aider et d'affermir l'industrie manufacturière du pays, chez des nations qu'un territoire étendu et bien arrondi, une population considérable, de vastes ressources naturelles, une agriculture avancée, un haut degré de civilisation et d'éducation politique appellent à prendre rang parmi celles qui excellent à la fois dans l'agriculture, dans l'industrie manufacturière et dans le commerce, parmi les premières puissances maritimes et coloniales.

La protection est accordée sous la forme, soit de la prohibition absolue de certains articles fabriqués, soit de droits élevés qui équivalent ou à peu près à la prohibition, soit enfin de droits modérés. Aucun de ces modes n'est absolument bon ou mauvais et c'est la situation particulière de la nation et celle de son industrie qui indiquent lequel lui est applicable. »

List, on le voit, n'a pas la prétention de préconiser un système unique et invariable, une panacée universelle s'adressant à tous les pays et à tous les degrés de civilisation :

« En matière de droits protecteurs, il convient de distinguer si une nation veut passer de l'état de libre concurrence au système protecteur, ou de la prohibition à une protection modérée ; dans le premier cas, les droits doivent être faibles au commencement et s'élever ensuite peu à peu ; dans le second, ils doivent être d'abord très élevés, pour décroître insensiblement. Un pays où les droits ne sont pas suffisamment protecteurs, mais qui se sent appelé à de grands progrès dans les manufactures, doit songer avant tout à encourager les industries qui produisent les articles d'une consommation générale. Cette fabrication met en mouvement des masses considérables de forces productives, naturelles, intellectuelles et personnelles, et comme elle exige de grands capitaux, elle provoque d'importantes épargnes et attire de l'étranger des capitaux et des forces de toute espèce. Elle exerce, en grandissant, une influence puissante sur l'accroissement de la population, sur la prospérité de l'agriculture et particulièrement sur le développement du commerce extérieur.

Les fabriques et les manufactures sont des plantes qui croissent lentement, et une protection douanière qui altère subitement les relations commerciales existantes nuit au pays dans l'intérêt duquel elle est établie ; les droits doivent s'élever à mesure que les capitaux, l'habileté industrielle et l'esprit d'entreprise augmentent dans le pays ou lui viennent de l'étranger.

Les industries de luxe ne doivent appeler l'attention qu'en dernier lieu et elles méritent moins d'être protégées, parce qu'elles exigent un haut degré d'instruction classique, parce que leurs produits, comparés à la production totale du pays, ne présentent qu'une valeur insignifiante.

Les primes sont inadmissibles comme moyen permanent de venir en aide à l'industrie du pays dans sa lutte avec des nations plus avancées sur des marchés étrangers ; elles le sont plus encore comme moyen de conquérir l'approvisionnement de nations qui, déjà, elles-mêmes, ont fait quelques progrès dans les manufactures.

La protection ne contribue à la prospérité d'une nation qu'autant qu'elle répond à son degré d'instruction industrielle ; tout excès de protection est nuisible, car les nations ne peuvent parvenir que graduellement à la perfection dans les manufactures. »

List a terminé le livre deuxième par quelques considérations sur l'état de la production et du commerce international à son époque, c'est-à-dire en 1841. Il y en a une qui a encore toute sa valeur ; parlant de traités de commerce que pourraient conclure des nations comme la France, l'Autriche, l'Allemagne, arrivées à un degré à peu près égal de culture industrielle, List ajoute : « Ce que toutes ont aujourd'hui à redouter, c'est uniquement la prépondérance de l'Angleterre. »

Le danger n'a fait que s'aggraver depuis lors.

X

Nous avons peu de chose à dire du livre troisième qui s'appelle *les Systèmes* et dans lequel List passe en revue les diverses publications qui ont trait à l'économie politique. C'est un chapitre de polémique; cependant il s'en dégage une idée générale se rattachant à la conception de l'unité nationale qui est la base du système de l'économiste allemand. Voici ce passage :

« L'histoire enseigne que le degré de prospérité publique marqué par des manufactures et un commerce florissant, ne peut être atteint que dans les pays dont la constitution politique, qu'elle s'appelle république démocratique, république aristocratique ou monarchie limitée, garantit pleinement aux citoyens la liberté personnelle et la sûreté des biens, et, à l'administration, l'activité et l'énergie dans la poursuite des intérêts sociaux avec la persévérance dans ces efforts. Car, dans un état avancé en civilisation, il s'agit moins d'être bien administré pendant quelque temps que de l'être constamment et uniformément, de manière qu'une administration nouvelle ne détruise pas le bien que sa devancière a fait, que trente années d'une administration comme celle de Colbert ne soient pas suivies de la révocation de l'édit de Nantes ; que, durant des siècles, on persévère dans un seul et même système et qu'on poursuive un seul et même but. Ce sont les constitutions dans lesquelles les intérêts du pays sont représentés, et non le gouvernement absolu sous lequel l'administration change avec la personne du monarque, qui assurent cette stabilité administrative. »

List a tracé, dans ces lignes, la véritable formule du gouvernement: le gouvernement a une mission plus haute que celle que lui accordent certains politiciens qui ne cherchent que la satisfaction d'intérêts immédiats ; il a charge d'âmes non seulement dans le présent, mais dans l'avenir, et c'est cette conception qui établit un lien entre les divers gouvernements d'un même pays ; ce principe de solidarité est accepté par tous les hommes qui ont souci des intérêts de l'Etat ; ceux-là seuls le dédaignent qui rêvent un bouleversement social. List apporte en politique la même largeur de vues qu'en économie :

« Sans doute, dit-il, il s'agit avant tout pour un pays d'être bien administré, mais la bonté de l'administration dépend de la forme du gouvernement, et la forme de gouvernement la meilleure est évidemment celle qui répond le mieux à la situation morale et matérielle du pays, aux intérêts de son avenir. On a vu les nations avancer sous toutes les formes de gouvernement, mais on ne les a vues atteindre un haut degré de développement économique que là où la forme du gouvernement garantissait un haut degré de liberté et de puissance, la stabilité dans les lois et dans la politique et de bonnes institutions. »

L'économiste allemand, on le voit, n'a garde d'indiquer ses préférences pour telle ou telle forme de gouvernement; ce qui domine, à ses yeux, c'est la nécessité d'une politique se perpétuant à travers les âges ; c'est la continuité d'un effort commun. Si le capital est du travail accumulé, les forces productives d'un pays sont le legs des générations précédentes que l'héritier est tenu d'accroître et d'augmenter. Si la monarchie absolue peut être un obstacle et un danger, et la meilleure preuve en est dans l'exemple que cite notre auteur : la révocation de l'édit de Nantes, elle peut aussi, aux mains d'un homme d'Etat comme le prince de Bismarck, s'accommoder de cette doctrine. Il serait imprudent de croire que la disparition du chancelier de fer remettra en question l'existence de la Prusse et de la confédération allemande ; nous croyons que les patriotes français qui spéculent sur l'éventualité de la mort de l'empereur, du maréchal de Moltke, du prince de Bismarck, font un faux calcul. Le chancelier de fer a donné à son pays non seulement la puissance et l'unité, mais encore une politique que les successeurs de l'empereur Guillaume suivront avec ténacité, il n'en faut pas douter. S'il leur laisse quelque chose à faire, ce sera parce que la mort l'aura empêché de terminer son œuvre, mais la tâche aura été minutieusement étudiée, et préparée jusque dans ses plus humbles détails. Ceux qui viendront après lui n'auront qu'à suivre, et il n'y a pas à espérer qu'ils songent à abandonner pour longtemps une politique qui a donné à l'Allemagne la suprématie politique et qui a développé sa puissance industrielle.

Nous passons sur les derniers chapitres du livre troisième, dont l'un est consacré à J.-B. Say et son école ; les critiques de List se résument en ces mots :

« Tandis que quelques-uns déclarent hardiment que la science est complète et qu'il n'y a plus rien d'essentiel à y ajouter, ceux qui lisent avec le coup d'œil du philosophe ou de l'homme pratique les ouvrages qui en traitent, soutiennent qu'il n'y a point d'économie politique, que cette science est encore à créer, qu'elle n'a été jusqu'à présent qu'une astrologie et qu'il est désirable qu'il en sorte une astronomie. »

Il y a peut-être injustice de la part de List autant qu'affectation d'humilité à parler en ces termes des travaux de ses prédécesseurs et des siens propres. Les successeurs de Smith et de Say n'ont pas cru qu'après ces deux hommes, il n'y avait plus rien ni à dire, ni à étudier, ni à apprendre; mais ils ont eu le tort d'accepter comme définitive cette conception de la liberté internationale qui ne peut que s'appliquer à l'ensemble du genre humain, arrivé à son plus haut degré de perfection. C'est là un point de départ erroné, et les événements de ces dernières années ont surabondamment démontré la vanité et la fantaisie de ce système.

Nous voici arrivés au dernier livre de l'économie politique de List : il s'appelle *la Politique*; il ne faut pas oublier qu'il a été écrit en 1841, et cependant, malgré l'éloignement, beaucoup de passages ont encore une véritable actualité.

Le livre s'ouvre par un hommage à l'Angleterre, le plus grand exemple de ce que peut une politique se perpétuant à travers les siècles, et poursuivant invariablement le même but :

« Que l'ambition de ceux qui ont voulu fonder leur domination universelle uniquement sur la force des armes nous paraît misérable auprès de cette grande tentative de l'Angleterre de transformer son territoire tout entier en une immense ville manufacturière et commerçante, en un immense port et de devenir ainsi, parmi les autres contrées, ce qu'une vaste cité est par rapport à la campagne: le foyer des arts et des connaissances, le centre du grand commerce et de l'opulence, de la navigation marchande et de la puissance militaire; une place cosmopolite approvisionnant tous les peuples de produits fabriqués et demandant en retour à chaque pays ses matières brutes et ses denrées; l'arsenal de grands capitaux, le banquier universel, disposant des moyens de circulation du monde entier, et se rendant tous les peuples tributaires par le prêt et par la perception des intérêts ! »

Ces lignes sont le corollaire de cette parole par laquelle le prince de Bismarck, au lendemain de la guerre, conviait les manufacturiers allemands à un Sedan industriel, Sedan dirigé non pas seulement contre nous, mais surtout contre l'Angleterre; cette double préoccupation qui était dans la pensée du chancelier, a pu échapper à ses interlocuteurs; les industriels allemands, encore sous le coup de la victoire des armées allemandes, dans toute la ferveur de leur haine contre la France, ont pu rêver l'abaissement de notre pays sur le terrain économique; le prince de Bismarck ne pouvait dédaigner un pareil concours, mais son large esprit roulait un plan plus vaste et plus grandiose; tandis que les Allemands ne voyaient dans le développement de la grandeur industrielle de l'Allemagne que le moyen d'achever sûrement l'ennemi blessé, le chancelier de fer rêvait d'étayer sur la puissance industrielle la suprématie militaire de l'Allemagne; c'est List, toujours, qui nettement, dans vingt passages de son livre, a formulé les règles de ce problème. La guerre, les traités, sont des accidents; c'est l'industrie seule qui peut donner à une nation la suprématie du monde, et peut-être, au fond de lui-même, le chancelier a-t-il rêvé pour son pays la domination universelle? Ce n'est pas nous, hélas! qui pouvons contrarier ces projets, mais l'Angleterre ne paraît pas disposée à partager avec qui que ce soit cette domination qu'elle exerce sur le monde depuis tant d'années. A mesure que l'industrie allemande s'est développée, elle a compris que son véritable ennemi, sur le terrain économique, c'était l'Angleterre. Le prince de Bismarck ne s'y est jamais trompé, non plus que List. Le temps est loin où il appelait l'Angleterre : « un désagréable voisin », et il a réussi, depuis lors, à faire partager à la nation qu'il dirige l'antipathie qu'il professe de longue date pour l'esprit d'envahissement de la Grande-Bretagne. On retrouverait la main du chancelier dans toutes les tentatives faites pour donner à l'Allemagne un empire colonial ; ces Sociétés qui se sont fondées depuis peu de temps, ont eu son agrément antérieur et son appui immédiat, et leur caractère distinctif c'est, chaque fait le prouve, la haine de l'Angleterre. N'essayait-on pas, hier, de nous gagner à une alliance dirigée exclusivement contre l'Angleterre ? Le projet n'est pas abandonné, qu'on veuille bien le croire, et si les événements de 1870 nous interdisent de coopérer à une action commune, on saura bien acheter notre neutralité. List a défini d'une manière bien ingénieuse la politique commerciale de l'Angleterre ; après avoir énuméré tous les procédés mis en œuvre pour amener l'Angleterre au point où elle en est arrivée aujourd'hui, tels que :

« Préférer constamment l'importation des forces productives à celle des marchandises ; ne recevoir que des matières brutes et des produits agricoles et n'exporter que des objets manufacturés ; réserver exclusivement à la métropole l'approvisionnement en objets fabriqués des colonies ; ne faire aux nations indépendantes de concessions qu'en ce qui touche l'importation des produits agricoles, et à la condition de concessions analogues relativement à l'exportation des produits manufacturés ; entreprendre des guerres ou conclure des alliances dans l'intérêt exclusif des manufactures et du commerce, de la navigation et des colonies ; réaliser par là des profits sur les amis comme sur les ennemis, sur ceux-ci en interrompant leur commerce, sur ceux-là en ruinant leurs manufactures par des subsides payés sous la forme de produits manufacturés ; »

List ajoute :

« Depuis Adam Smith, une nouvelle maxime a été ajoutée à celles qu'on vient d'énumérer, à savoir : dissimuler la vraie politique de l'Angleterre, à l'aide des expressions et des arguments cosmopolites imaginés par Adam Smith, de manière à empêcher les nations étrangères de l'imiter. C'est une règle de prudence vulgaire, lorsqu'on est parvenu au faîte de la grandeur, de rejeter l'échelle avec laquelle on l'a atteint, afin d'enlever aux autres le moyen d'y monter après vous. »

Et ce portrait :

« Une nation qui, par des droits protecteurs et des restrictions maritimes, a perfectionné son industrie manufacturière et sa marine marchande au point de ne craindre la concurrence d'aucune autre, n'a pas de parti plus sage à prendre que de repousser loin d'elle les moyens qui ont facilité son élévation, de prêcher aux autres peuples les avantages de la liberté du commerce et d'exprimer tout haut son repentir d'avoir marché jusqu'ici dans les voies de l'erreur et de n'être arrivée que tardivement à la connaissance de la vérité. »

Nous ne suivrons pas List dans l'étude qu'il fait de la politique anglaise, dans les premières années de ce siècle, mais nous voulons citer quelques lignes qui mettent, une fois de plus, sa clairvoyance en pleine lumière :

« Tout indique que, dans le cours des prochaines années, le système protecteur relèvera la tête aux États-Unis et qu'il y fera même de nouveaux progrès. »

Ces lignes étaient écrites en 1841, et on sait que le régime de la protection est devenu un véritable système de prohibition aux États-Unis. Ce chapitre renferme, d'ailleurs, plus d'un passage curieux. Parlant de l'avenir réservé aux États-

Unis, List prévoit que, dans le siècle qui s'approche, les Etats-Unis seront, par leur commerce, par leur industrie, au-dessus de l'Angleterre, autant que celle-ci est aujourd'hui au-dessus de la Hollande :

« Ainsi, dit-il, dans un avenir qui n'est pas extrêmement éloigné, la même nécessité qui prescrit aujourd'hui aux Français et aux Allemands de fonder une alliance continentale contre la suprématie britannique, commandera aux Anglais d'organiser une coalition européenne contre la suprématie de l'Amérique.

L'Angleterre fera donc sagement de s'exercer de bonne heure à la résignation, de se concilier, par des concessions opportunes, l'amitié des puissances européennes et de s'accoutumer dès aujourd'hui à l'idée d'être la première parmi les égales. »

Ces conseils n'ont pas été suivis, et ne pouvaient l'être ; la résignation n'est pas dans le tempérament de ce peuple, à qui son extraordinaire prospérité a inspiré un gigantesque orgueil. List, il faut bien le dire, n'a rencontré nulle part, si ce n'est en Allemagne, des disciples obéissants, mais il n'a pas à se plaindre et la qualité supplée au nombre. Nous avons été les premières victimes de l'enthousiasme avec lequel le chancelier a épousé la doctrine de l'économiste :

« Chaque jour, dit List, les gouvernements et les peuples en Allemagne comprendront mieux que l'unité nationale est le roc sur lequel doit reposer l'édifice de leur prospérité, de leur considération, de leur puissance, de leur sûreté dans le présent et de leur grandeur dans l'avenir. »

Et l'Allemagne a patiemment attendu le jour où elle pourrait constituer cette unité nationale, gage de sa prospérité et de sa grandeur. Et au lendemain de la guerre, alors que l'unité nationale était définitivement établie, avec quelle unanimité l'Allemagne se mit à l'œuvre pour édifier sur ce *roc* les assises de sa puissance ! Aveugle qui ne verrait pas dans ce mouvement la main puissante du chancelier de fer ! Le programme suivi par l'homme d'Etat, est tout au long dans l'œuvre de List, dans le chapitre qui clôt le livre et qui s'intitule : La politique commerciale de la nation allemande. Ici, il nous faut citer :

« Si un pays est destiné à l'industrie manufacturière, c'est à coup sûr l'Allemagne. Le haut rang qu'elle occupe dans les sciences, dans les beaux-arts et dans la littérature, de même que sous le rapport de l'enseignement, de l'administration publique et des institutions d'utilité générale ; son sens moral et religieux, son amour du travail et de l'économie ; sa persévérance opiniâtre en même temps que son esprit inventif, sa population considérable et robuste, l'étendue et la nature de son territoire, le développement de son agriculture, ses ressources naturelles, sociales et intellectuelles, tout lui assigne cette vocation.

Si un pays est fondé à attendre d'un système protecteur approprié à sa situation des résultats avantageux pour le développement de ses fabriques, pour l'accroissement de son commerce extérieur et de sa navigation marchande, pour l'amélioration de ses voies de communication, pour la prospérité de son agriculture, de même que pour l'affermissement de son indépendance et pour l'augmentation de son influence au dehors, c'est encore l'Allemagne.

Nous ne craignons pas d'affirmer que du perfectionnement du système protecteur dépendent l'existence, l'indépendance et l'avenir de la nationalité allemande. L'esprit national ne peut prendre racine, ne peut donner de belles fleurs et des fruits abondants que sur le terrain de l'aisance générale. De l'unité des intérêts matériels, seulement, peut sortir l'unité morale, et de l'une et de l'autre réunies, la force de la nation. Que peuvent signifier nos efforts, à tous tant que nous sommes, gouvernants ou gouvernés, nobles ou bourgeois, savants ou illettrés, soldats ou civils, manufacturiers, agriculteurs, négociants, si nous n'avons pas de nationalité, si nous manquons de garantie pour la durée de notre nationalité ? »

Ce n'est plus l'économiste seulement qui parle, c'est l'Allemand qui se dévoile tout entier; il ne pouvait penser alors que ce rêve deviendrait si vite une réalité, et que cette unité douanière se transformerait en unité politique; qu'un autre, placé à la tête du gouvernement, reprendrait ses idées et en poursuivrait avec une ténacité farouche l'exécution immédiate.

Cette Hollande qui tient tant au cœur de List, qu'il considère comme le complément nécessaire de l'Allemagne, l'avenir, peut-être, la donnera à son pays, sans efforts, sans secousses, par le jeu naturel des circonstances. Les colonies viendront du même coup, et, en attendant, on prélude à l'empire colonial par l'occupation de quelques points dans ces pays que List a désignés lui-même. List, parlant de l'Amérique du Sud où il voudrait voir se porter le courant de l'émigration allemande, s'est expliqué en ces termes :

« Ces dernières contrées sont surtout destinées à produire des denrées tropicales ; jamais elles n'iront loin dans l'industrie manufacturière. Il y a là un marché neuf et vaste à conquérir ; ceux qui y établiront de solides relations les conserveront à tout jamais.

Dépourvues de l'énergie morale nécessaire pour parvenir à un plus haut degré de culture, pour fonder des gouvernements réguliers et stables, ces contrées comprendront mieux chaque jour la nécessité d'une assistance du dehors par le moyen de l'immigration. Les Anglais et les Français y sont haïs pour leur arrogance par des peuples jaloux de leur indépendance nationale; les Allemands y sont aimés par le motif contraire. »

Ce que dit List de l'Amérique du Sud s'applique avec autant de raison à l'Afrique australe; les lignes qui précèdent avaient prévu Angra-Pequena.

Et ce passage :

« Rien ne serait plus désirable que de voir le Zollverein et l'Autriche, un peu plus tard, lorsque l'industrie des Etats associés aura fait de nouveaux progrès et se sera rapprochée davantage de l'industrie autrichienne, se faire des concessions réciproques sur les produits de leurs fabriques. »

C'est fait, et l'union douanière a précédé l'alliance des empereurs.

Le chapitre que List a consacré à l'industrie allemande clôt le livre comme si List, dans ces dernières lignes, avait voulu déposer l'expression de ses plus intimes et de ses plus vives aspirations. L'économiste ne pouvait prévoir qu'un jour, après quarante années d'effacement, l'Allemagne, à la voix d'un de ses disciples, reprendrait une à une les idées éparses dans le *Système national d'économie politique*, et que la théorie ferait de la nation allemande un peuple uni, fort et prospère. Ce triomphe, List l'a entrevu, mais il ne pouvait l'espérer si complet et si prochain. Il a fallu que l'élève auquel il avait soufflé son enthousiasme, sa foi et sa volonté, fût, en même temps, un homme politique, un homme d'Etat, que rien n'a pu faire dévier de sa route et qui avec une indomptable volonté et avec un rare bonheur, a marché droit vers le but qu'il s'était assigné. Nous n'avons eu d'autre objet, dans cette étude, que d'indiquer à quelle source a pris naissance la politique du prince de Bismarck; la plus grande force d'un homme d'Etat est peut-être d'avoir un programme défini, arrêté, dont il ne consente à s'écarter que pour des motifs d'un intérêt supérieur, quitte à reprendre les articles qu'il aura été contraint de négliger.

Ce programme, List l'a tracé d'une main vigoureuse et d'un ferme esprit; si le prince de Bismarck a eu la bonne fortune de trouver dans le
Système national d'économie politique le plan
de gouvernement dont nous avons vu l'éclosion
et dont nous verrons la frondaison finale, List
aura eu cet insigne bonheur d'avoir, dans le chancelier de fer, un disciple dévoué, d'une volonté
surhumaine, et d'une puissance remarquable.

On peut résumer en quelques mots le système
de List. Organisation de l'unité nationale; c'est
là le roc (le mot est de lui) sur lequel un pays
doit asseoir sa prospérité et sa puissance; développement de l'industrie manufacturière et des
forces productives; à l'ombre de l'industrie manufacturière grandissent l'agriculture, le commerce maritime, la marine militaire; expansion
coloniale. Aux yeux de List, l'industrie manufacturière a droit à la protection de l'Etat, jusqu'au
jour où elle aura atteint son plus haut point de
perfection, et ces sacrifices se retrouvent au cen-
tuple par la prospérité de l'agriculture, par la
perfection des objets manufacturés et par l'a-
baissement fatal de leur prix, conséquence de
la libre concurrence intérieure. L'Allemagne a
résolument appliqué ce système; on voit où elle
en est aujourd'hui. Elle a, en quelques années,
atteint un degré de prospérité inouïe; et le chancelier de fer peut faire le rêve aujourd'hui de
disputer à l'Angleterre la suprématie du monde.
Pour nous, nous ne pouvons mieux terminer cette
étude que par les lignes qui la commencent et
que List, comme une lueur prophétique, a placées
en tête de son Introduction :

« Des pays pauvres, faibles et barbares, ont dû principalement à la sagesse de leur système commercial d'être devenus riches et puissants, et d'autres qui avaient jeté un
grand éclat se sont éclipsés faute d'un bon système ; on a vu
même des nations privées de leur indépendance et de leur
existence politique, surtout parce que leur régime commercial n'était pas venu en aide au développement et à l'affermissement de leur nationalité. »

Cette prédiction s'est déjà réalisée, dans sa
première partie ; l'Allemagne est devenue riche
et puissante, grâce à la sagesse de son système
commercial ; notre éclat, à nous, subit une
éclipse visible ; puisse-t-elle n'être que passagère ! Que le ciel nous préserve de cet avenir
sinistre qu'envisage avec une redoutable séré-
nité l'implacable logique de l'économiste !

Cette étude comporte une moralité.
Pendant que l'Allemagne a vu son industrie
et son agriculture grandir et se développer, la
France, au contraire, a vu sa production diminuer de jour en jour. D'où viennent donc cette
prospérité et ce discrédit, si ce n'est de la différence du régime économique ? La question est
posée nettement aujourd'hui ; nous sommes sortis
du domaine des théories et des utopies. La protection, à laquelle les traités de 1860 semblaient
devoir porter un coup mortel, a reparu au grand
jour ; elle s'étale en Allemagne, en Autriche,
en Russie, en Italie, aux Etats-Unis ; on voit ce
qu'elle a produit. Quant au libre-échange, il a eu,
pendant 24 ans, un champ d'expériences où il a
pu se développer en liberté. Que nous a-t-il
donné ? Il a ruiné l'industrie et l'agriculture de la
France. Les partisans du libre-échange nous

diront-ils que l'épreuve n'est pas concluante, que le délai est insuffisant, qu'il faut attendre le jour où la doctrine sera unanimement acceptée, ce jour béni où la paix universelle régnera sur le monde? Ce jour-là, les Etats-Unis et l'Allemagne pourront, sans danger, ouvrir leurs portes aux produits français, car il n'y aura plus de produits français.

En ce moment même, les libre-échangistes tentent un suprême effort. Mais faut-il qu'ils se sentent menacés pour oser reproduire, aujourd'hui, ces arguments dont le temps et la raison semblaient avoir fait bonne justice ! La civilisation a reculé, écrit un des « demi-dieux » du libre-échange parlant des progrès qu'ont faits en Europe, depuis quelques années, les idées protectionnistes. C'est toujours cette théorie qui s'obstine à confondre la liberté commerciale avec les autres libertés, qui, dans sa tendresse pour l'humanité, dédaigne les questions de patrie et de nationalité. Le mal est trop profond pour qu'on ose le nier; l'économiste dont nous parlons en donne une ingénieuse explication : « Ce qui tue le commerce français, c'est la politique protectionniste qui nous ferme les marchés étrangers. » A cela on peut objecter que cette politique protectionniste, appliquée en Allemagne, en Autriche, aux Etats-Unis, n'avait pas précisément pour but de faire la fortune de la France; elle était dirigée contre nous; appliquée en France, elle aurait sans doute des résultats identiques et elle donnerait à l'industrie française le développement qu'a pris, grâce à elle, l'industrie étrangère.

Nous traversons une période pénible, nous

subissons une crise douloureuse ; l'agriculture agonisante, l'industrie aux abois réclament de prompts secours. Peu importe ! Quand nous montrons l'Allemagne florissante, l'Amérique prospère et la France à la veille d'une catastrophe imminente, on nous objecte Cobden et Bastiat, Smith et J.-B. Say. « Voilà où nous en sommes, 40 ans après Bastiat, » écrit un de nos adversaires, dans une revue grave. Voilà où nous en sommes après 24 ans d'application de vos doctrines, répondrons-nous ; on nous écrase avec des théories, avec des utopies, avec des rêves de liberté internationale et de paix universelle, et nous n'avons, hélas ! que trop de preuves ; les dossiers s'ajoutent aux enquêtes, les récriminations aux plaintes, les ruines aux misères.

L'Angleterre, arrivée à la suprématie industrielle, a, suivant le mot de List, retiré derrière elle l'échelle qui lui avait permis d'y parvenir. Elle a rompu avec la protection, et adopté le libre-échange. Nous avons, avec une docilité parfaite, obéi à l'invitation ; les autres ont gardé l'échelle, et chaque échelon les mène à la prospérité et à la fortune. Quand ils seront en haut, n'ayez crainte, ils feront comme l'Angleterre. C'est ce que disait, en 1879, le général Grant, ancien président de la République américaine, à la Chambre de commerce de Manchester, qui essayait de le convertir à la doctrine du libre-échange : « Messieurs, l'Angleterre s'est servie du système protecteur pendant deux cents ans ; elle l'a poussé à outrance et s'en est très bien trouvée, car c'est à ce système qu'elle doit sa puissance industrielle, cela ne fait aucun doute.

Eh bien, messieurs, je connais assez mes compatriotes pour croire que, dans deux cents ans, quand l'Amérique aura tiré du système protecteur tout ce qu'elle en peut tirer, elle marchera résolument avec le libre-échange. »

Le libre-échange, lui, a mis moins de temps pour ruiner notre pays.

Après la guerre de 1870, alors que la suprématie industrielle de l'Allemagne nous menace d'un désastre plus formidable encore, on cherche encore à surprendre les âmes sentimentales en leur montrant cette terre promise où l'humanité entière doit vivre dans la paix et dans la liberté: l'heure n'est pas à ces rêveries et ce cosmopolitisme ingénu a fait assez de ravages; cet avenir hypothétique ne nous touche guère, et nous plaçons les intérêts de la patrie bien au-dessus de ceux de l'humanité; c'est pour cela que nous voulons une économie politique nationale, conforme aux aspirations et aux besoins de notre patrie.

L'homme dont nous avons analysé l'œuvre fut un dévoué patriote autant qu'un grand savant. Quelle serait sa joie, aujourd'hui, s'il pouvait secouer, pour un instant, la poussière de son tombeau; il constaterait que sa doctrine a fait la grandeur et la prospérité de son pays, et verrait les idées qu'il a combattues consommer la ruine de l'ennemi héréditaire !

JULES DOMERGUE.

1331. PARIS. — IMPRIMERIE CHARLES BLOT, RUE BLEUE, 7.